"十四五"职业教育国家规划教材

中等职业学校创新示范教材

草坪及地被植物栽培与园林应用

徐 荣 赖娜娜 主编

中国林业出版社
China Forestry Publishing House

内容简介

本书是国家示范校建设项目北京市园林学校园林绿化专业核心课程教材。根据北京市教育委员会实施的"北京市中等职业学校以工作过程为导向课程改革实验项目"的精神，依据中等职业学校园林绿化专业重点专业教学指导方案、园林绿化核心课程标准，并参照国家相关法规和相关行业标准及行业职业技能鉴定规范编写而成。

本教材按单元、项目、任务模式编写，共分4个单元10个项目27个任务。4个单元分别是单元一草坪与地被植物认知，单元二草坪建植与地被植物栽培，单元三草坪与地被植物养护，单元四草坪与地被植物的园林应用。每个单元设有单元导读、单元小结、单元练习与考核；每个项目中每个任务设有任务描述、任务目标、任务流程；学习内容包括知识学习、技能训练等。全书图文并茂，通俗易懂，具有较强的实用性和可操作性。

本书可作为中等职业学校园林绿化专业及相关专业的教材，也可作为绿化工、花卉工的培训教材以及园林绿化工作者的参考书。

图书在版编目（CIP）数据

草坪及地被植物栽培与园林应用/徐荣，赖娜娜主编. —北京：中国林业出版社，2019.10 (2023.8 重印)
"十三五"职业教育国家规划教材　中等职业学校创新示范教材
ISBN 978-7-5038-8222-7

Ⅰ.①草… Ⅱ.①徐… ②赖… Ⅲ.①草坪—观赏园艺—中等专业学校—教材②草坪草—景观设计—中等专业学校—教材③草坪—地被植物—景观设计—中等专业学校—教材 Ⅳ.①S688.4 ②TU985.12

中国版本图书馆 CIP 数据核字（2015）第 250159 号

责任编辑	肖基浒
出版发行	中国林业出版社
	邮编：100009
	地址：北京市西城区德内大街刘海胡同7号
	电话：010-83143500
	邮箱：jiaocaipublic@163.com
	网址：http://www.forestry.gov.cn/lycb.html
印　刷	河北京平诚乾印刷有限公司
版　次	2019年10月第1版
印　次	2023年8月第2次印刷
开　本	710mm×1000mm　1/16
印　张	14
字　数	259千字
定　价	62.00元

数字资源

未经许可，不得以任何方式复制或抄袭本书之部分或全部内容。

版权所有　侵权必究

《草坪及地被植物栽培与园林应用》编写人员

主　编：徐　荣　赖娜娜

参　编：乔　程　齐　静　崔　妍　包永霞
　　　　刘玉英　刘　平　蔺　燕　田盼盼

主　审：陈进勇（中国园林博物馆）

前　言

"草坪及地被植物栽培与园林应用"是园林绿化专业的核心课程，是根据园林绿化典型职业活动直接转化的理论与实践一体化课程。本教材是以工作过程为导向的园林绿化专业系列教材之一。

本教材以国家级示范校建设园林绿化专业的培养目标和人才培养方案为编写依据，结合中等职业学校学生的认知特点，按照理论知识"够用"和技能"先进、实用"的原则，突出知识性、应用性和趣味性，确定教学内容。在编写过程中突出"学中做"和"做中学"的教学新理念，注重对学生基本职业素养和能力的培养。

本教材按单元、项目、任务模式编写，共分4个单元10个项目27个任务。单元设有单元导读、单元小结、单元练习与考核；每个项目中每个任务设有任务描述、任务目标、任务流程；学习内容包括知识学习、技能训练等。教材主题明确、结构完整、逻辑清晰、内容完整。

本教材以典型的工作任务流程为主线，将行业标准与规程规范有机地融入教材内容当中。通过知识学习呈现理论知识，通过技能训练呈现过程性知识。体现了本教材的实用性与可操作性较强的特点。

本书由从事中等职业教育教学改革的一线教师和富有多年园林绿化行业经验的专业技术人员编写。主编为徐荣(北京市园林学校)、赖娜娜(北京市园林学校)；修改与统稿为徐荣；编写分工为：单元一项目一、项目二崔妍(北京市园林学校)编写；单元二项目一包永霞(北京市园林学校)编写，项目二、项目三 徐荣编写；单元三项目一、项目二 齐静(北京市园林学校)编写，项目三、任务一蔺燕(北京市园林科学研究院)、赖娜娜编写，任务二、任务三刘玉英(玉渊潭公园)编写，任务四徐荣、田盼盼(北京京润园林绿化工程有限公司)编写，任务五徐荣编写；单元四项目一任务一徐荣编写，任务二乔程(北京市园林学校)编写，项目二任务一、任务二乔程、刘平编写(北京市花木公司)。北京植物园朱莹提供了部分图片，中国园林博物馆陈进勇博士进行审稿，在此表示感谢。

编者
2019年6月

目 录

前言

单元一　草坪与地被植物认知 ·· 1

　项目一　草坪植物认知 ·· 3

　　任务一　冷季型草坪植物认知 ·· 3

　　任务二　暖季型草坪植物认知 ·· 14

　项目二　地被植物认知 ·· 27

　　任务一　草本地被植物认知 ·· 27

　　任务二　木本地被植物认知 ·· 41

单元二　草坪建植与地被植物栽培 ·· 51

　项目一　草坪建植 ·· 53

　　任务一　种子播种建植草坪 ·· 53

　　任务二　营养体建植草坪 ·· 65

　项目二　地被植物繁殖 ·· 71

　　任务一　白三叶播种繁殖 ·· 71

　　任务二　德国鸢尾分株繁殖 ·· 77

　　任务三　八宝景天扦插繁殖 ·· 84

　项目三　地被植物栽培 ·· 91

　　任务一　涝峪薹草裸根苗栽培 ·· 91

　　任务二　落新妇容器苗栽培 ·· 95

单元三　草坪与地被植物养护 … 109

项目一　草坪常规养护管理 … 111
　　任务一　草坪(冷季型)浇水 … 111
　　任务二　草坪(冷季型)修剪 … 116
　　任务三　草坪(冷季型)施肥 … 122
　　任务四　草坪(冷季型)病虫害防治 … 129

项目二　草坪辅助养护管理 … 143
　　任务一　草坪打孔 … 143
　　任务二　草坪疏草 … 145
　　任务三　草坪滚压 … 148

项目三　园林地被植物养护 … 151
　　任务一　涝峪薹草的养护 … 151
　　任务二　麦冬的养护 … 159
　　任务三　萱草的养护 … 164
　　任务四　玉簪的养护 … 169
　　任务五　德国鸢尾的养护 … 173

单元四　草坪与地被植物的园林应用 … 185

项目一　草坪的园林应用 … 187
　　任务一　草坪设计与施工 … 187
　　任务二　缀花草坪设计与施工 … 197

项目二　地被植物的园林应用 … 202
　　任务一　花境设计与施工 … 202
　　任务二　花带设计与施工 … 209

参考文献 … 218

单元一
草坪与地被植物认知

单元介绍

草坪是用以构成园林草坪的植物材料。主要为禾本科和莎草科。草坪除具有一般绿化功能外,还能减少尘土飞扬、防止水土流失、缓和阳光辐射,并可作为建筑、树木、花卉等的背景衬托,形成清新和谐的景色。草坪覆盖面积是现代城市环境质量评价的重要指标,常被誉为"有生命的地毯"。

草坪的概念包括以下三方面内涵:①草坪的性质为人工植被。它由人工建植并需要定期修剪等养护管理,或由天然草地经人工改造而成,具有强烈的人工干预的性质,并以此和纯天然草地相区别。②其基本的景观特征是以低矮的多年生草本植物为主体相对均匀地覆盖地面,并以此和其他的园林地被植物相区别。③草坪有明确的使用目的,即是为了保护环境、美化环境,以及为人类娱乐和体育活动提供优美舒适的场地,并以此和放牧地或人工割草地相区别,后者的主要目的是为动物提供饲料和营养。

中国是世界上草坪利用和研究历史悠久的国家之一,草坪景观在园林中应用已有数千年的历史,具体出现的时间无从考证。在我国古典园林的雏形"囿"中,为了满足帝王贵族狩猎活动常常需开阔的草地与丛林景观相配合,自然草地应是草坪景观雏形。

地被植物是指用于覆盖地面、防止水土流失,能吸附尘土、净化空气、减弱噪声、消除污染并具有一定观赏和经济价值的植物。随着我国园林绿化事业的不断发展,地被植物已被广泛应用于环境的绿化美化,尤其是在园林配置中,其艳丽的花果能起到画龙点睛的作用。

地被植物种类丰富,适应性广,抗逆性强,绿色期长,种植后无须经常更换，易于养护和管理。大量应用地被植物是现代生态园林植物造景与环境绿化的重要组成部分。许多公园，社区的空旷地、山坡、林下、岸边和路旁、石隙，都广泛栽植地被植物，极大地丰富了城市的色彩和景观。

本单元根据所学内容分为两个项目，每个项目中又分为两个任务。

单元目标

通过完成认知植物的任务，掌握所学植物的形态特征、习性及应用。了解草坪的分类及草坪植物的器官特点。了解地被植物的分类及应用特点。

项目一　草坪植物认知

本项目的侧重点在于草坪植物的分类、概念，各种草坪植物的形态认知、生长适应性、园林应用以及准确辨认等知识和技能点。

任务一　冷季型草坪植物认知

【任务描述】

教师要求学生检查某块冷季型草坪草的生长情况，并对其生长状态、生长习性等方面做记录。首先辨认草坪草种，在调查表中准确填写草种的形态；然后细致观察草坪的生长状态，结合其生长习性在调查表中记录该草坪草的生长情况。

【任务目标】

1. 掌握冷季型草坪草的概念，了解草坪草的分类，熟悉禾本科草坪草的形态特征。

2. 掌握常见冷季型草坪草的形态特征，准确辨认草种。

3. 熟悉常见冷季型草坪草的生长适应性及园林应用。

【任务流程】

环节一：知识学习

一、草坪草概念

草坪草大多是质地纤细、株体低矮的禾本科草类。具体而言，草坪草是指能够形成草皮或草坪，并能耐受定期修剪和使用的一些草本植物种类。

二、草坪草分类

草坪草大多以禾本科的草本植物为主，也有部分符合草坪要求的其他单子叶

单元一　草坪与地被植物认知　3

和双子叶草本植物，如百合科的麦冬，莎草科的薹草，豆科的白三叶、红三叶等。

草坪草种类繁多，特性各异，根据一定的标准将众多的草坪草区别开来称为草坪草分类。

(一)按植物学系统分类

其分类是以植物学上的形态特征为主要分类依据，按照科、属、种、变种来分类，并给予拉丁文形式的命名。例如，草地早熟禾(Poa pratensis L.)，属禾本科(Poaceae)早熟禾属(Poa L.)。

1. 禾本科草坪草

该科草类植物占草坪草种类的90%以上，植物分类学上分属于羊茅亚科、黍亚科、画眉亚科。常见的有：翦股颖属、羊茅属、早熟禾属、黑麦草属和结缕草属。

2. 非禾本科草坪草

凡是具有发达的匍匐茎，低矮细密，耐粗放管理，耐践踏，绿期长，易于形成低矮草皮的植物都可以用来铺设草坪，有莎草科、豆科等。

(二)按气候与地域分布分类

按草坪草生长的适宜气候条件和地域分布范围可将草坪草分为暖季型草坪草和冷季型草坪草。

1. 暖季型草坪草

暖季型草坪草也称为夏型草，主要分布在长江流域及以南较低海拔地区，最适生长温度为25~32℃。它的主要特点是冬季呈休眠状态，早春开始返青，复苏后生长旺盛。

2. 冷季型草坪草

冷季型草坪草也称为冬型草，主要分布于华北、东北和西北等长江以北的北方地区，最适生长温度范围是15~25℃。它的主要特征是耐寒性较强，在夏季不耐炎热，春、秋两季生长旺盛。

(三)按草的叶片分类

依草叶宽度分宽叶草坪草、细叶草坪草。

1. 宽叶型草坪草

叶宽4mm以上，其叶宽茎粗，生长强健，适应性强，适用于较大面积的草坪地。例如，结缕草、地毯草、假俭草、竹节草、高羊茅等。

2. 细叶型草坪草

叶宽4 mm以下，其茎叶纤细，可形成平坦、均一、致密的草坪，但其生长势较弱，要求光照充足、土质条件良好。例如，翦股颖、细叶结缕草、早熟禾、细叶羊茅及野牛草。

（四）按草的植株高度分类

1. 低矮型草坪草

植株高度一般在20cm以下，可以形成低矮致密草坪，具有发达的匍匐茎和根状茎，耐践踏，管理粗放，大多数采取无性繁殖。例如，野牛草、狗牙根、地毯草、假俭草等。

2. 高型草坪草

植株高度通常在20cm以上，一般用种子播种繁殖，生长较快，能在短期内形成草坪，适用于建植大面积的草坪，其缺点是必须经常修剪才能形成平整的草坪。例如，高羊茅、黑麦草、早熟禾、翦股颖等。

三、禾本科草坪草形态特征

禾本科草坪草是草坪建植中常用的草坪草主体，了解其形态特征是进行草坪草种识别、草坪建植与养护的基础。下面侧重介绍禾本科草坪草的外部形态特征（图1-1-1）。

（一）根

禾本科草坪草的根包括由种子萌发时的胚根发育而来的初生根和着生于茎节上的不定根（次生根）两种类型。一般初生根只在草坪建植当年存在，不定根在种子萌发后会不断形成，数量多而密集，是构成禾本科植物根系的主体。

（二）茎

禾本科草坪草的茎通常有两种类型：一种是与地面垂直生长的直立茎；另一种是朝水平方向生长的横走茎。

直立茎呈狭长的筒状或管状，有明显的节和节间，节间常中空，节是叶片和腋芽的着生点，由秆节

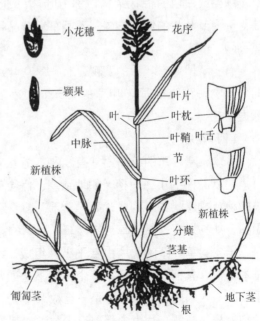

图1-1-1 草坪草整株示意图

（引自《草坪建植与管理》，张志国，1998）

和鞘节两个环组成。

横走茎有两类：一类是位于土壤表面的称匍匐茎；另一类是位于土壤表面之下的根状茎。匍匐茎和根状茎具有明显的节和节间，节的部位既能产生新枝条，又能产生不定根，所以可利用匍匐茎或根状茎作为无性繁殖材料进行建坪。

(三) 叶

禾本科草坪草的叶交互着生于茎的节上，由叶片和叶鞘组成。

叶鞘通常紧密包绕茎秆，呈闭合或开裂状，它起着保护幼芽和茎的生长、增强茎的支持等作用。

叶片相对平展，通常呈对折、扁平、内卷等形状，多数形小、细长且密生。叶片的宽窄直接影响草坪的质量和观赏效果。一般叶片越窄越细，观赏价值越高。叶片的色泽也影响草坪的质量和观赏效果。

在叶片和叶鞘连接处的内侧，即靠近茎秆的一侧，有一膜质片状或纤毛状的突起结构，称为叶舌。它可以防止害虫、水分及病菌孢子等进入叶鞘，也能使叶片向外伸展。叶舌形状因草坪草种类不同而变化。

叶片和叶鞘连接处的外侧，即远离茎秆的一侧，与叶舌形对应的位置上，有一浅绿色或白色的带状结构，称为叶环（或叶枕、叶颈）。叶环具有弹性和延伸性，可调节叶片的伸展方向。不同草坪草品种的叶环在形状、大小、色泽上有明显不同。

有些草坪草在叶舌的两侧，有一对从叶片基部边缘延伸出的膜质耳状或爪状的附属物，称为叶耳。叶耳的有无、大小及形状是识别禾本科草坪草种属的依据。

(四) 花序

禾本科草坪草的花序通常有3种：总状花序、圆锥花序和穗状花序（图1-1-2）。总状花序的小穗有柄，如地毯草、假俭草、巴哈雀稗的花序；圆锥花序由分枝的穗状或总状花序构成，如早熟禾、翦股颖、小糠草的花序；穗状花序的小穗无柄，如狗牙根、黑麦草、结缕草、冰草的花序。

禾本科草坪草的花序由若干小穗组成。小穗（图1-1-3）为禾本科植物花序的基本单位，具柄或不具柄。每个小穗下边通常具2个颖片，外面的一枚叫外颖，里面的一枚叫内颖，颖以上是一至数朵小花。花外又各有2枚苞片，下方外侧一片称外稃，内侧一片为内稃。有少数种类其外稃顶部或背部具芒。苞片和颖片交互着生于果柄上。包在内外稃里的小花通常两性，具2枚由花被退化而成的浆片、3枚雄蕊及1枚雌蕊。雄蕊具大型花药，花丝着生在花药的基部或中部。子

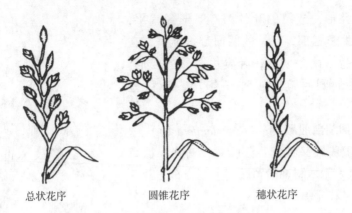

总状花序　　　圆锥花序　　　穗状花序

图1-1-2　草坪草的三种主要花序类型
（引自《草坪建植与管理》，张志国，1998）

房上位，1室，心皮内含1个胚珠，子房上有2个羽毛状柱头。

（五）果实

禾本科草坪草的果实为颖果，内含1粒种子，由于果皮和种皮紧密愈合在一起不易分开，生产中这种果实也称"种子"，可以直接作播种材料用。颖果内真正的种子含有高度进化的胚，位于颖果基部向外稃的一面，呈圆形或卵形凹陷；与提供营养的胚乳相邻。胚包括胚芽（外有胚芽鞘）、胚根（外有胚根鞘）、胚轴和子叶（盾片）。

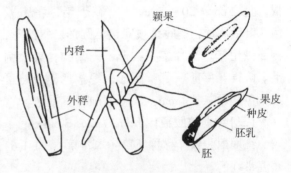

图1-1-3　草坪草小穗的组成
（引自《草坪建植与管理》，张志国，1998）

环节二：冷季型草坪草认知

一、常见冷季型草坪草形态识别

（一）草地早熟禾（*Poa pratensis* L.）

草地早熟禾又名光茎蓝草（图1-1-4）。禾本科早熟禾属。原产于欧洲、亚洲北部及非洲北部。

草地早熟禾具有细根状地上茎和地下生长的根茎。地上茎茎秆光滑、丛生，具2~3节，自然生长条件下，高度可达50~75 cm；叶鞘疏松包茎，具纵条纹。

幼叶呈折叠形，成熟的叶片为"V"形或扁平，柔软，密生于基部，叶片的两面都很光滑，在中脉的两旁有两条明线，叶尖呈明显的船形；具有开展的圆锥花序；种子细小，千粒重约0.4g。

(二) 匍匐翦股颖(*Agrostis stolonifera* L.)

匍匐翦股颖又称匍茎翦股颖、匍茎小糠草(图1-1-5)。禾本科翦股颖属。主要分布于欧亚大陆的温带和北美。

多年生草本植物。茎秆的基部卧于地面，匍匐茎一般分为3~6节，节间着土而生不定根，直立部分20~50cm。叶鞘无毛，稍带紫色。叶舌膜质，有锯齿或完整至圆形、斜圆形，背面微粗糙。叶片扁平线形，先端尖，具小刺毛。圆锥花序卵状到长圆形，绿紫色，成熟呈紫铜色。颖果长1mm，宽0.4mm，黄褐色。

图1-1-4 草地早熟禾
(引自《现代草坪建植与管理技术》，黄复瑞、刘祖祺，1999)

(三) 细弱翦股颖(*Agrostis tenuis* Sibth)

细弱翦股颖又称棕顶草、本特草(图1-1-6)。禾本科翦股颖属。主要分布在寒温带地区。

多年生草本植物。直立部分20~40cm；叶舌膜质，短而钝；叶片扁平—线形，先端尖，具小刺毛；圆锥花序，颖果长1mm，宽0.4mm，黄褐色。

图1-1-5 匍匐翦股颖
(引自《现代草坪建植与管理技术》，黄复瑞、刘祖祺，1999)

图1-1-6 细弱翦股颖
(引自《现代草坪建植与管理技术》，黄复瑞、刘祖祺，1999)

(四)高羊茅(*Festuca arundinacea* Schreb.)

高羊茅又称苇状羊茅、法斯克草(图1-1-7)。禾本科,羊茅属。在全球温带地区均有分布。

多年生草本植物。须根发达。直立丛生,株高40~70 cm,基部红色或紫色。幼叶呈卷包形,叶片扁平,略带光泽,坚硬;叶舌膜质,截形;叶耳短、钝,有柔绒毛;叶托较宽,有明显的分隔,边缘有短绒毛;圆锥花序狭窄,稍下垂,小穗淡绿色,先端带紫色;颖果长3.5~4.2 mm,宽1.5 mm。千粒重约1.33 g。

图1-1-7 高羊茅

(引自《现代草坪建植与管理技术》,黄复瑞、刘祖祺,1999)

(五)多年生黑麦草(*Lolium perenne* L.)

多年生黑麦草又名宿根黑麦草、黑麦草(图1-1-8)。禾本科黑麦草属。原产于南欧、北非和亚洲西南部。

多年生草本植物。茎直立,丛生,高70~100 cm。幼叶呈折叠形,成熟的叶片扁平,近轴有脊,远轴表面骨形,深绿色,具光泽,富有弹性,叶脉明显;叶舌膜质,形状变化从截到圆;叶耳很小,柔软,有爪;叶托明显;穗状花序长10~20cm,小穗扁平无柄,互生于主轴两侧,每小穗含小花3~10朵;种子扁平,呈土黄色,成熟易脱落,千粒重约1.5 g。

图1-1-8 多年生黑麦草

(引自《现代草坪建植与管理技术》,黄复瑞、刘祖祺,1999)

(六)紫羊茅(*Festuca rubra* L.)

紫羊茅又名红狐茅(图1-1-9)。禾本科,羊茅属。广泛分布于北半球的温带和寒温带,在我国长江以北各地均有分布。

紫羊茅为多年生草本植物。须根发达,具有短匍匐茎,分枝紧密,基部红色或紫色;叶片线形,光滑柔软,对折内卷,幼叶呈折叠形;叶鞘基部红棕色并破碎成纤维状;叶舌膜质,截形,无叶耳;叶托无毛。圆锥花序稍下垂,小穗淡绿色,先端带紫色。颖果长2.5~3.2 mm,宽1 mm,千粒重约0.73 g。

图1-1-9 紫羊茅
（引自《草坪建植技术》，陈志明，2001）

图1-1-10 小糠草
（引自《草坪建植技术》，陈志明，2001）

（七）小糠草（*Agrostis alba* L.）

小糠草又名红顶草（图1-1-10）。禾本科翦股颖属。主要分布于欧亚大陆的温带地区。

多年生草本植物。具有细长形的根状茎，浅生于地表；茎秆直立或下部膝曲倾斜向上，株高60～90 cm；叶鞘无毛，常短于节间；叶舌卵圆形，先端齿裂，背部微粗糙；叶片线形扁平，表面微粗糙。圆锥花序塔形，疏展，草绿色或带黄紫色。由于抽穗期顶上呈现一层鲜艳而美丽的紫红色小花，故名红顶草。颖果褐色椭圆形，长1.1～1.5 mm，宽0.4～0.6 mm，千粒重约0.1 g。

（八）加拿大早熟禾（*Poa compressa* L.）

又称扁茎蓝草、加拿大蓝草（图1-1-11）。原产欧洲，现在北美栽种很多。禾本科，早熟禾属。

加拿大早熟禾具根茎，丛生，全株呈蓝绿色，有紫色短节；每茎生2～3片叶，叶鞘松而扁平，较节间为短，脊很明显，叶片蓝色，坚而直，边缘稍内卷，上面光滑，背面粗涩；叶舌膜质，短而钝；顶生圆锥花序，直立，分生

图1-1-11 加拿大早熟禾
（引自《现代草坪建植与管理技术》）

短枝；丛生小穗；种子长 1.5~2.5 mm，与草地早熟禾的种子相似。不同的是加拿大早熟禾种子外稃的脉纹较为不明显。

（九）普通早熟禾（*Poa trivialis* L.）

普通早熟禾又称粗茎早熟禾（图 1-1-12），植株高度相对于草地早熟禾更矮。

普通早熟禾具有发达的匍匐茎，地上茎茎秆光滑、丛生，具 2~3 节，自然生长可高达 30~60 cm；叶鞘疏松包茎，具纵条纹。幼叶呈折叠形，成熟的叶片为"V"形或扁平，柔软，密生于基部；叶片的两面都很光滑，在中脉的两旁有两条明线；叶尖呈明显的船形；叶舌膜质，截形；无叶耳；托叶宽，裂形；其有开展的圆锥花序，分枝下部裸露。外稃基部具有稠密的白色绒毛。种子细小，千粒重 0.37 g。

图 1-1-12　普通早熟禾
（引自《现代草坪建植与管理技术》，黄复瑞、刘祖祺，1999）

二、冷季型草坪草应用

（一）草地早熟禾（*Poa pratensis* L.）

1. 生长适应性

草地早熟禾喜光，耐阴性差，喜温暖湿润的环境，具有很强的耐寒能力，抗旱性差，夏季炎热时生长停滞，高温干旱时期进入休眠，春、秋季生长茂盛。根茎繁殖能力强，再生性好，在容易磨损的运动场地上具有很好的适应性。

2. 应用

草地早熟禾质地细软，颜色光亮鲜绿，绿期长，具有较好的耐践踏性，广泛用于家庭、公园、医院、学校等公共绿地观赏性草坪以及高尔夫球场草坪、运动场草坪，还可应用于堤坝护坡等。

（二）匍匐翦股颖（*Agrostis stolonifera* L.）

1. 生长适应性

匍匐翦股颖喜冷凉湿润气候，耐寒、耐瘠薄、耐低修剪，耐阴性也较好，但耐热性稍差，匍匐枝横向延展能力强，能迅速覆盖地面，形成密度很大的草坪。由于茎枝上的节根深入土中较浅，因而耐旱性稍差。该草耐践踏能力很强，仅次于结缕草。对土壤要求不严，在肥沃的土壤生长最好。与其他冷季型草坪草相比较，匍茎翦股颖既耐高温又耐低温，但其耐旱性和干旱休眠恢复能力较其他冷季型草坪草稍差。

2. 应用

由于匍匐翦股颖生长快，故可用作应急绿化材料。主要用于高尔夫球场的果岭、发球台和球道的一些区域，也用于观赏草坪。由于其质地细弱、适于低修剪和精细管理，因而其养护成本极高。

(三) 细弱翦股颖 (*Agrostis tenuis* Sibth)

1. 生长适应性

细弱翦股颖质地良好，丛生。喜冷凉湿润气候，耐寒、耐瘠薄、耐低修剪，耐阴性也较好，但耐热性稍差。该草耐践踏能力很强，仅次于结缕草和匍匐翦股颖。在排水良好，肥力中等的沙质酸性或轻酸性土壤中生长良好。

2. 应用

由于细弱翦股颖生长快，故可用作应急绿化材料。在高尔夫球场的果岭区常选择它的优良品种作草坪的建植材料。

(四) 高羊茅 (*Festuca arundinacea* Schreb.)

1. 生长适应性

该草喜温暖湿润夏季较凉爽的环境。耐寒性和耐热性都不及早熟禾，耐湿而不耐干旱，也不耐瘠薄。在肥沃、排水良好的黏土中生长较好，在瘠薄的砂土中生长不良。春、秋两季生长较快，在炎热的夏季呈休眠状态。当气温低于 $-15℃$ 会产生冻害。寿命 4~6 年。耐践踏性强，但不耐低修剪，一般修剪高度以 4~6 cm 为宜。由于其耐阴性较差，故不适宜种植在林下以及屋后。

2. 应用

高羊茅由于寿命长、色泽鲜亮、青绿期长以及耐践踏等优点，被广泛应用于过渡带的庭院绿地和运动场草坪，也用于高尔夫球场的低养护区，同时也是一种优良的设施草坪草，如用于机场等。

(五) 多年生黑麦草 (*Lolium perenne* L.)

1. 生长适应性

该草喜温暖湿润夏季较凉爽的环境。耐寒性和耐热性都不及早熟禾，耐湿而不耐干旱，也不耐瘠薄。在肥沃、排水良好的黏土中生长较好，在瘠薄的砂土中生长不良。春、秋两季生长较快，在炎热的夏季呈休眠状态。当气温低于 $-15℃$ 会产生冻害。寿命 4~6 年。耐践踏性强，但不耐低修剪，一般修剪高度以

4~6 cm为宜。由于其耐阴性较差，故不适宜种植在林下以及屋后。

2. 应用

通常用于混播，建立混合草坪，可起到保护作用和提高成坪速度。该草抗二氧化硫等有害气体的能力较强，故多用于工矿区。在高尔夫球场草坪、运动场草坪中常与草地早熟禾混播，在南部地区多用于狗牙根草坪的补播。

(六) 紫羊茅(*Festuca rubra* L.)

1. 生长适应性

紫羊茅适应性强，抗寒、抗旱、耐酸、耐瘠薄，最适于温暖湿润气候和海拔较高的地区生长。在 $-30\ ℃$ 能安全越冬。在乔木下半阴处能正常生长。在富含有机质的沙质黏土和干燥的沼泽土上生长最好。在夏季高温的情况下生长不良，出现休眠现象，春秋生长最快。耐湿性较高羊茅差。修剪高度2 cm，仍能恢复生长。

2. 应用

紫羊茅是全世界应用最广的一种主体草坪草。由于寿命长，色美，青绿期长，耐践踏，耐阴等，被广泛用于机场、运动场、庭园、花坛、林下等绿化建坪，更是优良的观赏性草坪草。

(七) 小糠草(*Agrostis alba* L.)

1. 生长适应性

喜冷凉湿润气候，耐寒、耐旱、抗热，适应各种土壤，在 $-30℃$ 能安全越冬。喜阳，耐阴能力比紫羊茅稍差。耐践踏性强，分蘖和再生能力很强，一般长成后即可自行繁殖。小糠草在秋季凉爽的气温中生长良好，一般在12月下旬才开始枯黄。

2. 应用

与草地早熟禾、紫羊茅混合播种作公园、庭园及小型绿地的绿化材料，因其具有很强的竞争能力，在混播中比例不能过大，一般不超过10%。单独建草坪美观性差，而且不易持久。可用作运动场草坪的建坪材料，也可与其他草种混播用作公路、堤坝的保土护坡植物。

(八) 加拿大早熟禾(*Poa compressa* L.)

1. 生长适应性

多年生草本，对环境的适应性与草地早熟禾相同，对酷热及干旱气候的抗力较强，而在湿地生长不及草地早熟禾。加拿大早熟禾适于生长在瘠薄的土壤上。

2. 应用

加拿大早熟禾耐干旱、土壤贫瘠、酸性，因而常用于公路护坡，其修剪高度在 7~10 cm，对灌溉要求不高。

（九）普通早熟禾（*Poa trivialis* L.）

1. 生长适应性

普通早熟禾耐阴性非常好，喜温暖湿润的环境，同时具有很强的耐寒能力，抗旱性差。该品种绿期较长，春、秋两季生长较快，夏季阳光充足时会变成褐色。在低湿、冷凉、荫蔽的条件下，普通早熟禾可形成密度良好的草坪。根茎繁殖力强，再生性好，较耐践踏。

2. 应用

通常用于混播，建立混合草坪，可起到保护作用和提高成坪速度。该草抗二氧化硫等有害气体的能力较强，故多用于工矿区。在高尔夫球场草坪、运动场草坪中常与草地早熟禾混播，在南部地区多用于狗牙根草坪的补播。

任务二　暖季型草坪植物认知

【任务描述】

教师要求学生检查某块暖季型草坪草的生长情况，并对其生长状态、生长习性等方面做记录。首先辨认草坪草种，在调查表中准确填写草种的形态；然后细致观察草坪的生长状态，结合其生长习性在调查表中记录该草坪草的生长情况。

【任务目标】

1. 掌握暖季型草坪草的概念，熟悉双子叶草坪植物（非禾本科草坪植物）的形态特征。
2. 掌握常见暖季型草坪草的形态特征，准确辨认草种。
3. 熟悉常见暖季型草坪草的生长适应性及园林应用。

【任务流程】

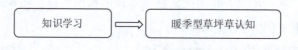

环节一：知识学习

一、草坪草的一般特性

草坪草通常都具有以下特性：植株低矮、分蘖性强、根系强大；耐修剪、耐滚压、耐践踏；繁殖力强，易于成坪，受损后自我修复力强，弹性强，软硬适度；叶形较细，色泽浓绿且绿期长；适应性强，易于管理。

二、双子叶草坪草及其特征

适于建植草坪的草本植物除禾本科草坪草以外，还有某些非禾本科草坪草，如豆科的白三叶、红三叶、二月蓝，旋花科的马蹄金，莎草科的细叶薹草、白颖薹草，百合科的麦冬等。下面仅就双子叶草坪草作简单介绍。

(一) 根

直根系是双子叶植物根系的主要特征，主根粗大明显，其上可产生各级侧根。可用作草坪草的双子叶植物往往能在匍匐茎上产生须根状的不定根，如白三叶草匍匐茎上长出的不定根。

(二) 茎

茎是植株的地上部分，着生叶和芽，主要起输导和支持作用。用作草坪草的双子叶植物通常都具有发达的匍匐茎，茎节上能产生不定根。

(三) 叶

双子叶植物的一个完全叶由叶片、叶柄和托叶三部分组成。叶片是叶的主要部分，通常为绿色，宽大而扁平，有单叶、复叶之分，形状变化也很多。叶柄是叶片与茎相接的中间部分，托叶是位于叶柄和茎相连处的绿色小叶，通常成对分离而生。不同植物托叶的有无、形状差异较大。用作草坪草的双子叶植物既有单叶(如马蹄金)，也有复叶(如白三叶)，往往都具有较长的叶柄，托叶包茎生长。

(四) 花和果实

双子叶植物的花和果实的类型都很多。

花序类型有总状花序、伞房花序、伞形花序、头状花序、隐头花序、穗状花序、柔荑花序、圆锥花序、复伞房花序、复伞形花序、单歧聚伞花序、二歧聚伞花序、单生花序等。常见的用于建植草坪的双子叶植物的花序则主要有头状花序(如白三叶草)，总状花序(如麦冬)，伞房花序(如红花酢浆草)，二歧聚伞花序(如地被石竹)，而马蹄金的花则通常是单生的。

果实类型有浆果、柑果、梨果、核果、荚果、蓇葖果、角果、蒴果、瘦果、坚果、聚合果、聚花果等。常见的用于建植草坪的双子叶植物的果实则主要有荚果(如白三叶草)、浆果(如麦冬)、蒴果(如马蹄金、地被石竹)。

环节二：暖季型草坪草认知

一、暖季型草坪草形态识别

（一）狗牙根[*Cynodon dactylon*(L.) Rers]

狗牙根又名绊根草、爬根草、百慕大等（图1-1-13）。禾本科狗牙根属。广泛分布于温带地区，我国黄河流域以南各地均有野生种。

多年生草本植物。具根状茎和匍匐茎，节间长短不一，节上可产生不定根和分枝，故又名"爬根草"。幼叶折叠形，成熟的叶片扁平，先端渐尖，边缘有细齿，叶色浓绿。叶舌边缘有毛，无叶耳；叶托窄，边缘有毛。穗状花序，4～5个穗状花序合成一丛；小穗排列于穗轴一侧，绿色，有时略带紫色；种子成熟易脱落，具一定的自播能力。

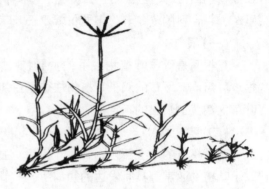

图 1-1-13 狗牙根
（引自《现代草坪建植与管理技术》，
黄复瑞、刘祖祺，1999）

（二）日本结缕草(*Zoysia japonica*Stend)

又名老虎皮、崂山草、结缕草等（图1-1-14）。禾本科结缕草属。原产于亚洲东南部，主要分布于中国、朝鲜和日本的温暖地带。

多年生草本植物。茎叶密集，株体低矮，属深根性植物。具有坚韧的地下根状茎及地上匍匐茎，于茎节上产生不定根。植株直立，高12～15 cm；幼叶呈卷包形，成熟的叶片革质，上面常具柔毛，具一定的韧度；叶舌不明显，表面具白色柔毛；总状花序小穗卵圆形；种子成熟后易脱

图 1-1-14 日本结缕草
（引自《现代草坪建植与管理技术》，
黄复瑞、刘祖祺，1999）

落，外层附有蜡质保护物，不易发芽，播种前需对种子进行处理，以提高发芽率。

(三)细叶结缕草(*Zoysia tenuifolia* Willd. ex Trin)

细叶结缕草又名天鹅绒草、朝鲜芒草、台湾草等(图1-1-15)。禾本科结缕草属。主要分布于日本及朝鲜南部地区，早年引入我国，目前已在黄河流域以南等地广泛种植，是我国栽培较广的细叶型草坪草种。

多年生草本植物。通常呈丛状密集生长，茎秆直立纤细。具地下茎和匍匐茎，节间短，节上产生不定根。须根多浅生。叶片丝状内卷，总状花序顶生，穗轴短于叶片，故常被叶所覆盖。花果期6~7月，花期短。种子小，成熟时易子脱落，采收困难。

(四)假俭草[*Eremochloa ophiuroides* (Munro.) Hack.]

假俭草又名蜈蚣草、苏州草(图1-1-16)。禾本科蜈蚣草属。原产于中国南部亚热带地区，主要分布于长江流域以南各地。

图1-1-15 细叶结缕草
(引自《现代草坪建植与管理技术》，
黄复瑞、刘祖祺，1999)

图1-1-16 假俭草
(引自《现代草坪建植与管理技术》，
黄复瑞、刘祖祺，1999)

多年生草本植物。植株低矮，茎秆自基部直立，具有贴地生长的匍匐茎。叶片革质，先端略钝；生于花茎上的叶多退化，顶部叶片常退化成一小尖头着生于叶鞘上；秋冬抽穗开花，总状花序，花穗绿色，微带棕紫色，直立或略弯曲，具长柄；种子入冬前成熟。

(五)地毯草[*Axonopus compresus* (Swartz) Beaduv.]

地毯草又名大叶油草(图1-1-17)。禾本科地毯草属。原产南美洲。

多年生草本植物,具匍匐茎。茎秆扁平,节上密生灰白色柔毛。叶片柔软,翠绿色,短而钝;穗状花序小穗排列于三角形穗轴的一侧。

(六)野牛草[*Buchloe dactyloides*(Nutt.)Engelm.]

野牛草为禾本科野牛草属(图1-1-18)。原产于北美洲。

多年生草本植物。具匍匐茎;幼叶呈卷筒形,成熟的叶片呈线形,两面疏生细小柔毛,叶色灰绿,色泽美丽;叶舌边缘有毛,无叶耳;托叶宽,生有长绒毛;雌雄同株或异株,雄花序排列成总状,着生于细长的穗轴之上,雌小穗簇生呈头状花序;通常种子成熟时,自梗上整个脱落。

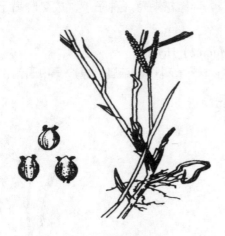

图1-1-17 地毯草

(引自《现代草坪建植与管理技术》,
黄复瑞、刘祖祺,1999)

图1-1-18 野牛草

(引自《现代草坪建植与管理技术》,
黄复瑞、刘祖祺,1999)

(七)马蹄金(*Dichondra repens* G. Forst)

马蹄金又名马蹄草、黄胆草、金钱草等(图1-1-19)。旋花科马蹄金属。

多年生双子叶草本植物。植株低矮,须根发达;具较多的匍匐茎,能节间着地生根;株高仅5~15 cm;叶片扁平,基生于根部,具细长叶柄,肾形,外形大小不等,表面无毛;夏秋开花,种子结实率不高。

图1-1-19 马蹄金

(引自《现代草坪建植与管理技术》,
黄复瑞、刘祖祺,1999)

二、暖季型草坪草应用

(一) 狗牙根 [*Cynodon dactylon* (L.) Rers]

1. 生长适应性

该草喜光，耐阴性差，抗寒能力较好。因系浅根系且少须根，所以遇到较长时间的干旱时，容易出现匍匐嫩尖成片枯头的现象。狗牙根耐践踏，喜排水良好的肥沃土壤，在轻度盐碱地上也能很好生长。该草侵占能力极强，在良好的条件下常侵入其他草坪。

2. 应用

狗牙根是我国应用比较广泛的优良草坪草种类之一。在我国的华北、西北、西南及长江中下游等地也有广泛的应用。可以单独使用，也可以与其他暖季型及冷季型草坪草品种混合，用于运动场及高尔夫球场草坪。该草耐践踏性好，再生能力极强，故经球赛践踏的草坪，如能在球赛的当晚立即灌水，1～2 d 后即可复苏。如果能及时施用氮肥，很快便又能茂盛生长，继续使用。狗牙根覆盖力强，也是很好的堤坝护坡草坪。

(二) 结缕草 (*Zoysia japonica* Stend)

1. 生长适应性

结缕草适应性强，喜光、抗旱、耐高温及耐贫瘠，在暖季型草坪草中属于抗寒能力较强的品种。喜深厚肥沃、排水良好的沙质土壤。入冬后草根在 -20℃ 左右能安全越冬，气温 20～25℃ 生长最盛，30～32℃ 生长速度减弱，36℃ 以上生长缓慢或停止，但极少出现夏枯现象，秋季高温而干燥可提早枯萎，使绿期缩短。结缕草与杂草竞争的能力极强，容易形成单一连片、平整美观的草坪，且具有耐践踏、病害较少等优点。耐阴性虽较钝叶草差，但比其他暖季型草略强。匍匐茎生长较缓慢，蔓延能力较一般草坪草差，因此，草坪一旦出现秃斑，恢复比较缓慢。

2. 应用

结缕草贴地而生，植株低矮，且又坚韧耐磨、耐践踏，具有良好的弹性，因而在园林、庭园和运动场地广为利用，是较理想的运动场草坪草和较好的固土护坡植物。

(三) 细叶结缕草 (*Zoysia tenuifolia* Willd. ex Trin)

1. 生长适应性

该草喜光，不耐阴，耐湿，耐寒力较日本结缕草差。细叶结缕草与杂草竞争力极强,夏秋生长茂盛,油绿色,能形成单一草坪,且在华南地区夏、冬季不枯黄。

2. 应用

该草色泽嫩绿,草丛密集,杂草少,外观平整美观,具有良好的弹性,易形成草皮,故常种植于花坛内作封闭式花坛草坪或用作塑造草坪造型。又因其耐践踏,故也用于医院、学校、宾馆、工厂等专用绿地,作开放型草坪。也可植于堤坡、水池边、假山石缝等处,固土护坡,绿化和保持水土。

(四)假俭草[*Eremochloa ophiuroides* (Munro) Hack.]

1. 生长适应性

喜光、耐旱、适宜低矮修剪,较细叶结缕草耐阴湿,不耐践踏,需肥量少,是一种最耐粗放管理的草坪草。对土壤要求不严,在排水良好、土层深厚而肥沃的土壤上生长茂盛。

2. 应用

该草是我国南方栽培较早的优良草坪草种之一。由于株体低矮,茎叶密集,平整美观,绿期长,且具有抗二氧化硫等有害气体及吸附尘埃的功能;因而被广泛用于庭园草坪,并与其他草坪植物混合铺设运动场草坪,同时也是优良的堤坝护坡植物。

(五)地毯草[*Axonopus compresus* (Swartz) Beaduv.]

1. 生长适应性

该草适于热带和亚热带气候,喜光,也较耐阴。再生力强,亦耐践踏。对土壤要求不严。由于匍匐茎蔓延迅速,每节均能产生不定根和分蘖新枝,因此侵占力强。此草耐寒性较差,易受霜冻,春季返青早且速度快。

2. 应用

在华南地区,为优良的固土护坡植物。可用作公路两侧的草坪。由于该草低矮,耐践踏,较耐阴,在广州常用它铺设草坪和与其他草种混合铺运动场。在成都用它作公共绿地草坪。

(六)野牛草[*Buchloe dactyloides* (Nutt.) Engelm.]

1. 生长适应性

该草适应性强,喜光但可耐半阴,对土壤的适应性很广泛。在我国东北、西北有积雪覆盖下,在 $-34℃$ 能安全越冬。夏季耐热、耐旱,在 $2\sim3$ 个月严重干旱情况下,仍不致死亡,可用作干旱地区非灌溉的草坪。该草与杂草竞争力强,具有一定的耐践踏能力。

2. 应用

该草因具有枝叶柔软、较耐践踏、繁殖容易、生长快、养护管理简便、抗旱、耐寒等优点，目前已被我国北方地区广泛应用于公园、庭院及公共绿地草坪。由于它抗二氧化硫、氟化氢等污染气体能力较强，因此也是冶炼、化工等工业区的环保绿化材料。同时，也是一种很好的堤坝护坡植物。

该草的缺点是绿期较短，其雄花伸出叶层之上，破坏草坪绿色的均一性，不耐长期水淹，枝叶不很稠密，在一定程度上影响了它更广泛的应用。

(七) 马蹄金(*Dichondra repens* G. Forst)

1. 生长适应性

喜光及温暖湿润气候，耐阴、耐旱能力很强。对土壤要求不严，但在肥沃的土壤上生长茂盛。缺肥叶色黄绿，覆盖度下降。能耐一定的低温。华东地区栽培，冬季最冷时叶色褪淡，草层上部的部分叶片表面变褐色，但仍能安全越冬。不耐践踏，应种植在人流量小的地方。

2. 应用

多用于小面积花坛、花径及山石园，作观赏草坪栽培，亦可用于布置庭院绿地及小型活动场地。

【拓展提高】

一、草坪草与环境

草坪环境由很多因素组成，主要有气候因素、土壤因素、生物因素等方面。这些因素决定着草坪草的适应性和生长状况，但每种因素对草坪的作用性质和影响程度各有不同。

(一) 气候因素

气候因素中对草坪影响较大的主要有光照、温度、湿度和降水。

1. 光照

绝大部分草坪草为喜光植物，若光照不足，其生长发育将受到影响。一般植物在很低的光照强度下就可以进行光合作用，但光合强度很低，随着光照强度增加，光合强度也增加，达到一定光强时，光合强度达最大值，以后即使继续增加光照强度，光合强度也不再增加，这种现象称为光饱和现象，开始达到光饱和现象时的光照强度称为光饱和点，在光饱和点以下，随着光照强度降低，光合作用也降低，当光照强度降到一定数值时，光合吸收的 CO_2 与呼吸放出的 CO_2 相等，这时的光照强度称为光补偿点。在光补偿点以上，植物光合作用积累的有机物大于呼吸消耗，有机物积累，植物生长。

草坪草中大部分光补偿点为全日照光强的2%~5%，大部分草坪草单叶的光饱和点可达到全日照光强的1/3。不同草坪草的光饱和点不同，狗牙根、结缕草等C4植物光饱和点高，而翦股颖、早熟禾等C3植物光饱和点低。植物对光照不足也具有一定的适应性，即耐阴性。草坪草的耐阴性因草种而异，品种间也有差异。在进行林下草坪、疏林草坪及建筑物间草坪的布置时，耐阴性是一个必须考虑的重要因素。

光照长度主要影响植物开花，对植物的营养生长和休眠也起重要作用。一般来讲，延长光照时间会促进植物生长或延长生长期，缩短光照时间会促进植物进入休眠或缩短生长期。

2. 温度

温度是影响草坪草生长发育和分布的关键因素。温度过低，草坪草的生命活动停止，生长受到抑制或处于休眠状态；温度过高，光合作用受到抑制，植株变弱；在适宜的温度范围内草坪草生长旺盛，即草坪草的生长发育对温度的要求有最低、最高和最适温度(温度三基点)之分。不同的草坪草、同一草坪草的不同发育时期及不同的生理过程，其三基点温度是不同的。

一般暖季型草坪草生长的三基点温度较高，耐热性好而抗寒性差，生长的最适温度为25~32℃，最低为10~15℃；冷季型草坪草生长的三基点温度较低，耐热性差而抗寒性好，生长的最适温度为15~25℃，最低可达4℃以下。

通常草坪草在营养生长时期，对温度的要求不严格，适应范围广，而在开花结果期，要求的温度范围窄。草坪草光合作用的三基点温度一般低于呼吸作用的三基点温度。

草坪草的不同器官的三基点温度也不相同，通常根系生长的最适温度比地上部分生长的最适温度要低。

草坪草对不良环境温度有一定的耐性和适应性。当温度继续降低或增高时，对草坪草的危害逐渐加重。超出一定的温度范围，会使草坪草死亡。也就是说，还有两个极限温度，即最高生存温度和最低生存温度。高于或低于极限温度，草坪草不能生存。这两个极限温度值随持续时间的长短而有所变化。若持续时间短，草坪草可耐非常高和非常低的温度，但同样的温度条件，持续时间一长，草坪草可能会死亡。

3. 湿度和降水

湿度和降水的实质是水。草坪草是含水量较高的植物之一，其含水量与草坪草种类、组织器官及生长环境有关。通常冷季型草坪草比暖季型草坪草的含水量高；根的含水量最高，叶中等，茎最低。

湿度对草坪植物生长发育的直接影响不很明显，它主要通过影响病虫害的发生发展而间接地对草坪发生作用。较高的湿度常常是多种草坪病虫害发生和蔓延的有利条件。而降水与草坪植物生长发育的关系十分密切。在自然条件下，降水是草坪植物主要的水分来源。降水对草坪的影响程度，决定于降水量、降水强度和时间分布。降水量是影响草坪植物自然分布的重要因素之一，如野牛草在年降水量 300 mm 的地区能安全生长，而狗牙根的安全生长则要求年降水量在 600 mm 左右。高强度的降水，尤其是持续时间较长的降水，常常会引起地面积水，并通过径流、淋溶，加剧土壤板结和养分流失，间接影响草坪植物的生长发育。降水时间在年度内的分布通常是不均匀的，它常与降水强度一起，造成季节性的水、旱灾害。

水是植物体的重要组成成分。水也是草坪草种子发芽所必需的。水还能维持细胞膨压，保持草坪草各组织器官的固有姿态，使草坪草具有较高的抗践踏性。

草坪草对水分的吸收与散失，主要通过蒸腾作用来实现。草坪草根系从土壤中吸收的水分，98% 以上通过蒸腾散失到空气中。通过蒸腾作用可以降低叶片温度，防止高温伤害。

草坪草对水分不足的耐性和适应性即耐旱性因种类而异，但有控制的适度缺水可以改善草坪草对环境胁迫的抗性。水分过多也会对草坪造成危害。不同草坪草种耐水淹的能力也不同。

（二）土壤因素

土壤是草坪草生长的基础。草坪草生长过程中所需要的水分和矿质营养主要来自土壤。同时，土壤还对草坪草起着支撑和固定作用。在草坪建植养护过程中，土壤也是可塑性最大的环境因子。

土壤对草坪草生长发育的影响是由多种因素如土壤质地、土层厚度、土壤结构、土壤酸碱度、土壤营养含量等的综合作用所决定。

土壤质地不同对土壤的水、肥、气、热和其他理化性质均有很大影响。通常认为，壤质土和沙质土是较理想的建植草坪的土质。但具体考虑选择建植草坪的土质时，最重要的是看草坪的主要用途和功能，例如：对于经常强烈践踏的运动场草坪来说，沙质土壤结合充足的灌溉对草坪草的生长是较适宜的；对于践踏较少的观赏性草坪来说，保水、保肥性较高的壤质土则是较好的选择。

土壤酸碱度可直接或间接地影响草坪草的生长，其影响主要表现在对土壤养分的有效性、土壤微生物活性、草坪草根系生长的影响等方面。大多数草坪草在土壤 pH 6.0~7.0 范围内生长良好，但不同草坪草种类对土壤酸碱度的耐性有差异。

(三) 生物因素

草坪是一个小型但复杂的生态系统。草坪群落中，除草坪草以外，还有其他一些植物种类，如树木、花卉、杂草等，也会有许多动物种类(如昆虫、鸟类等)及微生物。在同一空间的各种植物、动物和微生物，与草坪之间的关系比较复杂，大体可以分为有害、有益和互利三种。其中，人类活动对草坪草影响最大。人们一方面通过修剪、灌溉、施肥、病虫杂草防治等措施使草坪达到或维持人类所希望的状态，另一方面人类的活动又对草坪产生不良影响，如践踏造成草坪草磨损和土壤紧实，工业和生活排放物污染环境对草坪草造成的危害等。

二、草坪草的生长发育

草坪草的生长发育过程可分为营养生长和生殖生长两大过程，它们都受环境条件的影响和制约。了解草坪草的生长发育特点及对环境条件的要求，对合理选择草坪草种类，建设高质量草坪具有重要意义。

从狭义的草坪养护管理考虑，我们主要讨论它的营养生长。

(一) 种子萌发与幼苗形成

从草坪建植的角度讲，种子萌发包括种子播入土壤到幼苗出土的全过程，需经历三个阶段，即吸胀、萌动、发芽阶段。大致过程是，种子吸水膨胀后，经过一系列反应，胚根首先突破种皮向下生长形成根系，接着胚芽向上伸出地面形成茎叶(图1-1-20)。影响种子萌发的环境因素，主要是温度、水分和空气，有的植物如假俭草等，还需要光照。

幼苗从第一片叶伸出展开起，除了依靠胚乳提供营养外，同时开始进行光合作用，有了自养过程，从而形成了一个能独立生活的植株。

从新枝基部节上产生的不定根是幼苗的

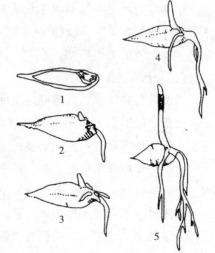

图1-1-20 发芽过程示意图
(引自《草坪建植与管理》，张志国，1998)
1. 末端有胚的颖果　2. 长出初生根和胚芽鞘
3. 长出另外的种根　4. 根分枝
5. 第一片叶长出胚芽鞘的顶端

另一重要结构，新建植草坪中存在初生根和次生根两种类型的根，随着草坪草的生长发育，初生根逐渐死亡，次生根取而代之。因此，成熟草坪中整个根系基本是由次生根（不定根）构成的须根系。

（二）根的生长

草坪草的根通常生长在地下，在适宜的条件（如适宜的气候和密度条件）下，一些不定根也会在地上形成。不定根的寿命一般和它们所依附的茎秆的寿命相同，但如果条件不适宜，不定根也会过早衰亡。草坪草的品种不同，每年新形成的用以取代衰亡根系的不定根数量也不相同。如草地早熟禾大部分根可以存活一年以上，而粗茎早熟禾、多年生黑麦草等每年都要更新根系的大部分。

草坪草根系在土壤中的分布深而广，尤其是水平分布更广，一般根系的水平扩展范围是地上部的 2~5 倍。这样深而广的根系，有利于其从更广阔的范围内吸收水和养料，但同时根与根之间的竞争会更加激烈，所以在生产实践中应尽量减少或避免地下部的这种竞争。一方面要通过良好的土壤耕作方式，为根系提供一个良好的生活环境；另一方面要进行科学种植，使单位面积和单位空间上的植株分布更加合理。

（三）叶的形成

草坪草的生长点中存在两类分生组织：一类是顶端分生组织，在茎的顶部产生新细胞，保证茎的持续生长；另一类是居间分生组织，它在顶端分生组织以下的位置产生叶。

草坪草的顶端分生组织位于地表附近，剪草机刀片以下的位置，即没有伸长的茎基部。居间分生组织上部产生的细胞使叶片生长，居间分生组织下部在叶的基部发育成叶鞘。叶片完全形成以后，叶鞘基部的分生组织还保持一段时间的活力，因此，修剪去掉一部分叶片后，叶的伸长还继续进行。而叶的衰老则是从叶尖开始向下延伸的。叶片的生长速度因叶龄而异，最幼嫩的叶片生长最快。而新叶的生长速度又因草坪草种、品种不同而不同，环境条件也是重要影响因素。

新生叶的生长除利用自己制造的全部养分外，还要依靠其他叶子的光合产物作为补充。完全伸展的叶具有最高的光合效率，其光合产物被输送到植株的各个生长点，余下的部分则以碳水化合物的形式贮存于根颈。较老的叶子光合效率明显降低，只能把少量养分输送给其他生长点。叶在具有光合能力以前，生长所需的养分全靠贮存或其他叶片制造的碳水化合物供给，因此，过多的修剪会引起草坪草活力的严重下降。

（四）茎的生长

禾本科草坪草的根与茎相连接的部分称茎基，茎基的节间极度缩短，节与节几乎重叠，其上部被几个相邻的叶鞘基部完全包围。茎基是生长根、枝、叶及保证草坪草伸长的关键器官，也是碳水化合物的贮存器官，而茎基节间高度缩短的特性是草坪草具有强耐修剪性的根本原因。

在一个具有活力的草坪群落中，必然存在新旧枝条的更替。正是这种动态的更替，使草坪保持一个适宜的密度，维持在一个动态平衡的水平上。通常，单个枝条的寿命不超过1年。幼嫩的枝条到产生足够的叶片和根系后，才能不依赖亲本枝条的养分供给而自立。因此，草坪群落是一个有机的相互联系的系统，而不是一个简单的相互竞争的枝条集合。

(五) 花序的形成

草坪草花序的形成可分为成熟、诱导、发生、发育4个阶段。直到成熟前，草坪草对促进开花的环境条件是不敏感的。在诱导期，植株对特殊环境发生反应，体内发生生理变化。到发生期，某些营养茎转变为花轴。最后发育阶段形成花序并从叶鞘中伸出。

一旦茎的顶部从营养生长阶段转化为生殖生长阶段，就不再产生叶原基，因此，剪去花序能刺激枝条的发育，进而促进叶的生长。除专门生产草种外，一般不让草坪开花，因为开花会破坏草坪均一的外观，降低草坪的质量，并增加修剪的难度。

在正常管理下，定期的修剪使一般草坪草没有足够的时间（约需几周）产生具有发芽能力的种子，但一年生早熟禾是一个例外，它可以在很短的时间内产生能育种子因而具有较强的自繁能力。改良的草坪草新品种在正常的养护管理条件下也不会形成大量的种子，但在种子生产时又能有较高的产量。

项目二 地被植物认知

地被植物比草坪更为灵活，在不良土壤、树荫浓密、树根暴露的地方，可以代替草坪生长。且种类繁多，可以广泛地选择，有蔓生的、丛生的、常绿的、落叶的、多年宿根的及一些低矮的灌木等。随着人们环境意识的增强，城市环境美化日益受到重视，地被植物在园林造景中的作用也逐步体现出来。观赏价值高、色彩丰富、生长稳定、抗逆性强的地被植物越来越多地被应用到绿化设计中，成为现代园林中不可缺少的重要组成部分。

本项目的侧重点在于地被植物的分类、概念，各种地被植物的形态认知、生长适应性、园林应用以及准确辨认等知识和技能点。

任务一　草本地被植物认知

【任务描述】

教师要求学生检查某块绿地中草本地被植物的生长情况，并对其生长状态、生长习性等方面做记录。首先辨认地被植物种类，在调查表中准确填写该地被植物的形态；然后细致观察的其长状态，结合其生长习性在调查表中记录该地被植物的生长情况。

【任务目标】

1. 掌握地被植物的概念，掌握草本地被植物的概念，了解地被植物的分类。
2. 掌握草本地被植物的生长适应性，了解其应用。
3. 能够分析草本地被植物的生长状态。

【任务流程】

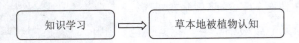

环节一：知识学习

一、地被植物的概念

所谓地被植物，是指某些有一定观赏价值，铺设于大面积裸露平地或坡地，或适于阴湿林下和林间隙地等各种环境覆盖地面的多年生草本和低矮丛生、枝叶密集或匍伏性或半蔓性的灌木以及藤本。草坪草是最为人们熟悉的地被植物，通常另列为一类。一般来讲常为草本、灌木、乔木及其结合体。绿地中常用的地被植物包括一年生花卉、多年生宿根花卉、藤本和攀缘植物等。它们以其繁多的种类、美丽的外观、较强的适应性与草坪草配置在一起，形成丰富多彩的草坪绿地园林景观，成为现代草坪绿地的有机组分。

在地被植物的定义中，使用"低矮"一词，低矮是一个模糊的概念。因此，又有学者将地被植物的高度标准定为1m，并认为，有些植物在自然生长条件下，植株高度超过1m，但是，它们具有耐修剪或苗期生长缓慢的特点，通过人为干预，可以将高度控制在1m以下，也视为地被植物。国外的学者则将高度标定为"From less than an inch to about 4 feet"，即从2.5cm到1.2m。

二、草本地被植物

地被植物种类众多，形态各样，应用广泛，根据茎的质地可以将其分成两大类：草本地被植物和木本地被植物。所谓草本地被植物就是指具有草质茎特征的地被植物，例如，常见的二月蓝、萱草等。

环节二 草本地被植物认知

一、草本地被植物形态识别

（一）紫花地丁（*Viola yedoensis* Makino）

多年生草本（图1-2-1）。根茎短，淡褐色，节密生有数条细根。叶多数基生莲座状，具狭翅，先端圆钝，基部截形或楔形，边缘圆齿，两面无毛或被细短毛。花紫堇色或淡紫色，稀呈白色，喉部色较淡并带有紫色条纹，萼片5卵状披针形或披针形，花瓣

图1-2-1 紫花地丁

5倒卵形或长圆状倒卵形，距细管状，蒴果长圆形无毛，种子卵球形淡黄色。花、果期4月中旬至9月。

(二) 二月蓝(*Orychragmus violaceus* O. E. Schulz.)

一年生草本（图1-2-2）。基生叶和下部茎生叶羽状深裂，叶基心形，叶缘有钝齿，上部茎生叶长圆形或窄卵形，叶基抱茎呈耳状，叶缘有不整齐的锯齿状结构。总状花序顶生，花多为蓝紫色或淡红色，随着花期的延续，花色逐渐转淡，最终变为白色。花期4~5月，果期5~6月。花瓣4枚，长卵形，具长爪；雄蕊6枚，花丝白色，花药黄色；花萼细长呈筒状，蓝紫色。果实为长角果圆柱形，果实具有四条棱，内有大量细小的黑褐色种子，种子卵形、圆形。

图1-2-2 二月蓝

(三) 八宝景天(*Sedum spectabile* Boreau)

落叶多年生肉质草本（图1-2-3）。高30~50cm，地上茎簇生，粗壮而直立，全株略被白粉，呈灰绿色。叶轮生或对生，倒卵形，肉质，具波状齿。伞房花序密集如平头状，花序径10~13cm，花淡粉红色，常见栽培的有白色、紫红色、玫红色品种，几乎是景天中花色最为艳丽的种类。花色粉红至玫瑰红色，花序紧凑。花期7~10月。

图1-2-3 八宝景天

(四) 萱草(*Hemerocallis fulva* L.)

多年生宿根草本（图1-2-4）。具短根状茎和粗壮的纺锤形肉质根。叶基生、宽线形、对排成两列，宽2~3cm，长可达50cm以上，背面有龙骨突起，嫩绿色。花葶细长坚挺，高60~100cm，着花6~10朵，呈顶生聚伞花序。初夏开花，花大，漏斗形，直径10cm左右，花被裂片长圆形，下部合成花被筒，上部开展而反卷，边缘波状，橘红色。花期6月上旬至7月中旬，每花仅放1d。蒴果，背裂，内有亮黑色种子数粒。果实很少能发育，制种时常需人工授粉。

单元一 草坪与地被植物认知 29

图 1-2-4 萱草

图 1-2-5 马蔺

(五)马蔺[*Iris lactea* Pall. var. *chinensis* (Fisch.) Koidz.]

多年生密丛草本(图1-2-5)。根状茎粗壮,须根粗而长,黄白色,少分枝。叶基生,坚韧,灰绿色,条形或狭剑形,顶端渐尖,基部鞘状,带红紫色,无明显的中脉。花茎光滑,苞片3~5枚,草质,绿色,边缘白色,披针形,顶端渐尖或长渐尖,内包含有2~4朵花;花蓝色,花被管甚短,外花被裂片倒披针形,顶端钝或急尖,爪部楔形,内花被裂片狭倒披针形,爪部狭楔形。蒴果长椭圆状柱形,有6条明显的肋,顶端有短喙;种子为不规则的多面体,棕褐色,略有光泽。花期5~6月,果期6~9月。

(六)玉簪[*Hosta plantaginea* (Lam.) Aschers]

多年生草本(图1-2-6)。根状茎粗厚,粗1.5~3cm。叶卵状心形、卵形或卵圆形,先端近渐尖,基部心形,具6~10对侧脉;叶柄长。花葶高,具几朵至十几朵花;花的外苞片卵形或披针形;内苞片很小;花单生或2~3朵簇生,白色,芳香;雄蕊与花被近等长或略短,基部15~20mm贴生于花被管上。蒴果圆柱状,有三棱。花果期8~10月。

图 1-2-6 玉簪

(七)德国鸢尾(*Iris germanica* L.)

多年生草本(图1-2-7)。根状茎粗壮而肥厚,常分枝,扁圆形,斜伸,具环纹,黄褐色;须根肉质,黄白色。叶直立或略弯曲,淡绿色、灰绿色或深绿色,常具白粉,剑形。花茎光滑,黄绿色,高60~100cm,上部有1~3个侧枝,中、下部有 1~3 枚茎生叶；苞片 3 枚，内包含有 1~2 朵花；花大，鲜艳，多为淡紫色、蓝紫色、深紫色或白色，有香味；花被管喇叭形，长约 2cm，外花被裂片椭圆形或倒卵形，顶端下垂，爪部狭楔形，内花被裂片倒卵形或圆形，直立，顶端向内拱曲，中脉宽，并向外隆起，爪部狭楔形。蒴果三棱状圆柱形，顶端钝，无喙，成熟时自顶端向下开裂为三瓣；种子梨形，黄棕色，表面有皱纹，顶端生有黄白色的附属物。花期 4~5 月，果期 6~8 月。

图 1-2-7　德国鸢尾

（八）鼠尾草（*Salvia japonica* Thunb.）

一年生草本（图 1-2-8）；须根密集。茎直立，钝四棱形，具沟，沿棱上被疏长柔毛或近无毛。茎下部叶为二回羽状复叶，叶柄长 7~9cm，腹凹背凸，被疏长柔毛或无毛，茎上部叶为一回羽状复叶，具短柄，顶生小叶披针形或菱形，先端渐尖或尾状渐尖，基部长楔形，边缘具钝锯齿，被疏柔毛或两面无毛，草质，侧生小叶卵圆状披针形，先端锐尖或短渐尖，基部偏斜近圆形，其余与顶生小叶同，近无柄。轮伞花序 2~6 花，组成伸长的总状花序或分枝组成总状圆锥花序，花序顶生。苞片及小苞片披针形，花梗被短柔毛；花序轴密被具腺或无腺疏柔毛。

图 1-2-8　鼠尾草

（九）蛇梅 [*Duchesnea indica* (Andr.) Focke]

多年生草本（图 1-2-9），全株有白色柔毛。茎细长，匍状，节节生根。三

图 1-2-9　蛇莓

单元一　草坪与地被植物认知　■　31

出复叶互生，小叶菱状卵形，长1.5~4cm，宽1~3cm，边缘具钝齿，两面均被疏矛橛，具托叶；叶柄与地片等长或长数倍，有向上伏生的白柔毛。花单生于叶腋，具长柄；副萼片5，有缺刻，萼片5，较副萼片小；花瓣5，黄色，倒卵形；雄蕊多数，着生于扁平花托上。聚合果成熟时花托膨大，海绵质，红色。瘦果小，多数，红色。花期4~5月，果期5~6月。

(十) 连钱草 [*Glechoma longituba* (Nakai) Kupr.]

多年生草本（图1-2-10）。茎细，方形，被细柔毛，下部匍匐，上部直立。叶对生，肾形至圆心形，边缘有圆锯齿，两面有毛或近无毛，下面有腺点；叶柄长为叶片的1~2倍。轮伞花序腋生，每轮2~6花；苞片刺芒状；花萼钟状，萼齿狭三角状披针形，顶端芒状，外面有毛和腺点；花冠2唇形，淡蓝色至紫色，下唇具深色斑点，中裂片肾形。小坚果长圆形，褐色。花期3~4月，果期4~6月。

图1-2-10 连钱草

图1-2-11 麦冬

(十一) 麦冬 [*Ophiopogon japonicas* (L. f.) Ker-Gawl.]

多年生草本植物（图1-2-11）。根茎细长，匍匐有节，节上有白色鳞片，须根多且较坚韧，微黄色，先端或中部常膨大为肉质块根，呈纺锤形或长椭圆形。叶丛生，狭线形，先端尖，基部绿白色并稍扩大。花茎从叶丛中抽出，比叶短，总状花序，每苞片内着生1~3朵花，花被6，淡紫色，偶有白色。浆果球形，成熟时蓝黑色，种子1粒，球形，蓝绿色或黄褐色。花期7~8月，果期8~10月。

(十二) 白三叶 (*Trifolium repens* L.)

多年生（图1-2-12），主根短，侧根和须根发达。茎匍匐蔓生，上部稍上升，节上生根，全株无毛。掌状三出复叶；托叶卵状披针形，膜质，基部抱茎成鞘状，离生部分锐尖；叶柄较长，小叶倒卵形至近圆形，先端凹头至钝圆，基部楔形渐窄至小叶柄，小叶柄微被柔毛花序球形，顶生，总花梗长于叶柄；无总苞；苞片披针形，膜质，锥尖；开花立即下垂；花冠白色、乳黄色或淡红色，具香气。荚果长圆形；种子通常3粒，种子阔卵形。

（十三）崂峪薹草（*Carex giraldiana* Kukenth.）

莎草科薹草属多年生常绿草本（图1-2-13）。株高20~40 cm，叶色草绿。穗期5~6月，穗色黄，6月种子成熟，熟后自行脱落。绿色期长，3~11月为旺盛生长期。

根状茎木质，匍匐。秆扁三棱形，平滑，基部具淡褐色分裂成纤维状的老叶鞘。叶短于或等长于秆，宽2~5mm，边缘粗糙，反卷，淡绿色，稍坚硬。苞片短叶状，具鞘。小穗3~5个，彼此远离，顶生1个雄性，棒状圆柱形，长1cm；侧生小穗雌性，顶端常具雄花，卵形，具3~5朵花，长6~8mm；小穗柄三棱形。小坚果紧包于果囊中，倒卵形，三棱形，下部棱面凹陷，基部具短柄状；花柱基部膨大，柱头3个。花果期3~5月。

图1-2-12　白三叶

图1-2-13　崂峪薹草

（十四）丹麦草[*Liriope graminifolia*（L.）Baker]

多年生草本（图1-2-14）。植株有时丛生，根稍粗，近末端处常膨大成矩圆形、椭圆形或纺锤形的肉质小块根，根状茎短，木质，具地下走茎。叶先端急尖或钝，基部常包以褐色的叶鞘，中脉比较明显。花葶通常长于或几等长于叶，少数稍短于叶，总状花序具多数花，花通常3~5朵簇生于苞片腋内，苞片小，披针形，干膜质，花被片矩圆形、矩圆状披针形，先端钝圆，淡紫色或淡蓝色。种子近球形。花期5~7月，果期8~10月。

图 1-2-14　丹麦草

图 1-2-15　委陵菜

（十五）委陵菜（*Potentilla chinensis* Ser.）

多年生草本（图1-2-15）。根粗壮，圆柱状，稍木质化。花茎直立或上升，被稀疏短柔毛。基生叶为羽状复叶；总叶柄被短毛及绢状长柔毛；托叶近膜质，褐色，外被白色绢状长柔毛，小叶对生或互生，小叶片长圆形，倒卵形或长圆披针形，先端急尖或圆钝，边缘羽状中裂，裂片三角卵形、三角状披针形或长圆披针形，边缘向下反卷，上面被短柔毛或近无毛，中脉下陷，下面被生白绒毛，沿脉被白色绢状长柔毛；茎生叶与基生叶相似，托叶草质，边缘通常呈齿牙状分裂。花两性；伞房状聚伞花序，花茎被白色绢状长柔毛，花序基部有披针形苞片，外密被短柔毛；萼片5，三角卵形，先端急尖，花后不增大，紧贴果实，副萼5片，比萼片短约1倍，且狭窄，外被短柔毛及少数绢状柔毛；花瓣5，宽倒卵形，先端微凹，比萼片稍长，黄色。瘦果卵球形，深褐色，有明显皱纹。花果期4～10月。

（十六）落新妇 [*Astilbe chinensis* (Maxim.) Franch. et Savat]

一年生草本（图1-2-16），全草皱缩。茎圆柱形，直径1～4 mm，表面棕黄色；基部具有褐色膜质鳞片状毛或长柔。基生叶二至三回三出复叶，多破碎，完整小叶呈披针形、卵形、阔椭圆形，先端渐尖，基部多楔形，边缘有牙齿，两面沿脉疏生硬毛；茎生叶较小，棕红色。圆锥花序密被褐色卷曲长柔毛，花密集，几无梗，花萼5深裂；花

图 1-2-16　落新妇

瓣5，窄条形。有时可见枯黄色果实。

（十七）矾根（*Heuchera micrantha* Dougl.）

多年生浅根性草本（图1-2-17）。叶基生，阔心形，长20～25 cm，叶片颜色丰富，花小，钟状，花径0.6～1.2 cm，红色粉色和白色，两侧对称。

图1-2-17　矾根

二、草本地被植物应用

（一）紫花地丁（*Viola yedoensis* Makino）

1. 生长适应性

性喜光，喜湿润的环境，耐阴也耐寒，不择土壤，适应性极强，繁殖容易，能直播，一般3月上旬萌动，花期3月中旬至5月中旬，盛花期25 d左右，单花开花持续6 d，开花至种子成熟30 d，4月至5月中旬有大量的闭锁花可形成大量的种子，9月下旬又有少量的花出现。

2. 应用

紫花地丁花期早，花色艳丽，花形奇特，株型有高中低之分，叶有绿、墨绿之分，绿色期长，自播、根蘖繁殖能力强，抗性强，节水节肥，养护管理费用低等优点。紫花地丁不仅具有草坪的部分功能，更具有观花地被植物的功能。

（二）二月蓝（*Orychragmus violaceus* O. E. Schulz.）

1. 生长适应性

耐寒性强，冬季常绿。又斗劲耐阴，适素性强。从东北、华北，直至华东、华中都能发展。冬季如遇重霜及下雪，有些叶片虽然也会受冻，但初春照样能萌发新叶、开花和健壮。对土壤要求不严。紫色花，从下到上陆续开放，2～6月开花一直，尤其是群栽时，一片蓝紫色。

2. 应用

二月蓝是中国北方土著物种，开花期长，花色淡雅，且本物种性耐寒旱、耐贫瘠，滋生能力强无需专门养护，不仅冬天披绿，春天紫花成片，而且它能延续自繁，无需过多养护，能与其他植物混种，是集多种利益于一体的好品种。

（三）八宝景天（*Sedum spectabile* Boreau）

1. 生长适应性

性喜强光和干燥、通风良好的环境，能耐 -20℃的低温；喜排水良好的土壤，耐贫瘠和干旱，忌雨涝积水。植株强健，管理粗放。

2. 应用

园林中常将它用来布置花坛、也可以用作地被植物，填补夏季花卉在秋季凋萎没有观赏价值的空缺，部分品种冬季仍然有观赏效果。植株整齐，生长健壮，花开时似一片粉烟，群体效果极佳，是布置花坛、花境和点缀草坪、岩石园的好材料。

（四）萱草（*Hemerocallis fulva* L.）

1. 生长适应性

性强健，耐寒，华北可露地越冬。适应性强，喜湿润也耐旱，喜阳光又耐半阴。对土壤选择性不强，但以富含腐殖质，排水良好的湿润土壤为宜。

2. 应用

花色鲜艳，栽培容易，且春季萌发早，绿叶成丛极为美观。园林中多丛植或于花境、路旁栽植。萱草类耐半阴，又可做疏林地被植物。

（五）马蔺[*Iris lactea* Pall. var. *chinensis* (Fisch.) Koidz.]

1. 生长适应性

马蔺根系发达，抗性和适应性极强，耐盐碱。

2. 应用

马蔺根系发达，叶片青绿柔韧，返青早、绿期长、花色淡雅，抗逆性和适应性极强，尤其耐盐碱，在城市绿化、河流护堤、防沙治沙、公路铁路固堤、水土保持以及湿地保护等方面有广泛应用。马蔺可作为荒漠化治理、抗盐碱的最佳草种。园林中常作地被及镶边植物，坡地种植能减少水土冲刷与流失。

（六）玉簪[*Hosta plantaginea* (Lam.) Aschers]

1. 生长适应性

玉簪属于典型的阴性植物，喜阴湿环境，受强光照射则叶片变黄，生长不良，喜肥沃、湿润的砂壤土，性极耐寒，中国大部分地区均能在露地越冬，地上部分经霜后枯萎，翌春宿萌发新芽。忌强烈日光暴晒。

2. 应用

玉簪是较好的阴生植物，在园林中可用于树下作地被植物，或植于岩石园或建筑物北侧，也可盆栽观赏或作切花用。现代庭园，多配植地林下草地、岩石园或建筑物背面，正是"玉簪香好在，墙角几枝开"。也可三两成丛点缀于花境中。因花夜间开放，芳香浓郁，是夜花园中不可缺少的花卉。还可以盆栽布置室内及廊下。

(七)德国鸢尾(*Iris germanica* L.)

1. 生长适应性

要求适度湿润，排水良好，富含腐殖质、略带碱性的黏性土壤；生于沼泽土壤或浅水层中；生于浅水中；喜阳光充足，气候凉爽，耐寒力强，亦耐半阴环境。

2. 应用

根据不同性状，在园林绿化中常应用于岩石园、花境、园路边饰、与水际、湿地、山坡的片植或丛植。国外也有许多以鸢尾为主题的鸢尾专类植物园。

(八)鼠尾草(*Salvia japonica* Thunb.)

1. 生长适应性

喜温暖和比较干燥的气候，抗寒，可忍耐 −15℃ 的低温。有较强的耐旱性。喜稍有遮阴和通风良好的环境，一般土壤均可生长，但喜排水良好的微碱性石灰质土壤。

2. 应用

鼠尾草种类繁多，花色浓郁，适于片植；具有浓郁独特的香气，既是优美的观赏植物，又是用途广泛的香料植物，可食用也可药用。

(九)蛇莓[*Duchesnea indica* (Andr.) Focke]

1. 生长适应性

喜温暖湿润环境。较耐旱，耐瘠。对土壤要求不严，田园土、砂壤土、中性土均能生长良好，宜于疏松、湿润的砂壤土生长。常生于田边、沟边或村旁较湿润处。

2. 应用

蛇莓植株低矮，枝叶茂密，具有春季返青早、耐阴、绿色期长等特点。作为多年生草本，是一次建坪多年受益，可自行繁殖，在北京地区其绿期长达 250 d，花期、果期从 4 月可连续至 11 月，可同时观花、果、叶，园林效果突出。由于蛇莓不耐践踏，在封闭的绿地内可表现出很好的观赏效果。

(十)连钱草[*Glechoma longituba* (Nakai) Kupr.]

1. 生长适应性

喜阴湿，生于田野、林缘、路边、林间草地、溪边河畔或村旁阴湿草丛中；对土壤要求不严，但以疏松、肥沃、排水良好的沙质壤土为佳；适宜在温暖、湿润的气候条件下生长。

2. 应用

园林中可用作向阳处、半阴处和河岸溪边的地被植物。茎叶可入药。

(十一) 麦冬 [*Ophiopogogon japonicas* (L. f.) Ker-Gawl.]

1. 生长适应性

性喜温暖、湿润环境。雨量充沛，无霜期长，麦冬生长良好。耐寒，忌强光和高温，7月见花时，地下块根开始形成，9~10月为发根盛期。对土壤要求疏松肥沃、排水良好、土层深厚的沙质壤土。

2. 应用

根系发达，耐旱，适应性强，可在河坡、路边、树穴、石缝、墙角、花坛边缘、绿篱脚下等处正常生长，具有拓展绿化空间，美化景观，发挥更大生态功能的作用。

(十二) 白三叶 (*Trifolium repens* L.)

1. 生长适应性

白车轴草喜阳光充足的旷地，具有明显的向光性运动，对土壤要求不高，尤其喜欢黏土耐酸性土壤，也可在沙质土中生长，喜温暖湿润气候，不耐干旱和长期积水，在阳光充足的地方，生长繁茂，竞争能力强。

2. 应用

白花三叶草可以耐低割，在不同土壤的种类及pH值中都可以生长，不过较喜欢黏土。它们是自然或有机草地护理的有益媒介，因为它们有固氮的能力，并比野草优胜。天然固氮可以降低土壤施肥的成本，以及预防一些疾病。是具有广泛栽培意义的一类重要牧草作物，也是重要的绿肥与水土保持植物。

(十三) 崂峪薹草 (*Carex giraldiana* Kukenth.)

1. 生长适应性

耐阴性强，在浓密的乔、灌木下生长繁茂，形成很好绿色覆盖，但不宜种植于阳光直射处；耐寒，耐旱性强，能有效保持水土；耐瘠薄、无病虫害、适于粗放管理；但耐践踏性较差。在全光照条件下叶色会变黄。

2. 应用

崂峪薹草草叶修长，向四周下垂，外形美观。可广植于乔灌木之下、建筑物背阴处以及花境、花坛的边缘，或护坡。

(十四) 丹麦草 [*Liriope graminifolia* (L.) Baker]

1. 生长适应性

丹麦草对土壤的适应性极强，但以富含有机质的沙质土壤或腐殖质土为佳，光照充足及半阴处均能正常生长，但以光照度在50%~70%时，叶色观赏价值最佳。林下栽植，叶色较深，不需要特殊的水、肥和修剪管理，即可保持正常生长，成坪覆盖度也可达100%，在北京地区仅在1月份(最低气温-14℃)根部停止生长，叶片含水量保持在66%~70%，叶色可周年保持鲜绿。

2. 应用

以极强的生命力见长，是北方城市大面积种植的优选品种，主要用于覆盖裸露地面，适合于大环境、大面积的绿化，特别适合于建筑物背阴处、高大乔木阴影下种植，也可用于园林小品的镶边点缀。单位大院、住宅小区、别墅庭院、公共绿地均可建植。

(十五)委陵菜(*Potentilla chinensis* Ser.)

1. 生长适应性

生于山坡、路边、田旁、山林草丛中，全国大部地区有分布。喜微酸性至中性、排水良好的湿润土壤。

2. 应用

植株紧密，花色艳丽，花期长，为良好生和观花地被。

(十六)落新妇[*Astilbe chinensis* (Maxim.) Franch. et Savat]

1. 生长适应性

喜半阴，在湿润的环境下生长良好。性强健，耐寒，对土壤适应性较强，喜微酸、中性排水良好的沙质壤土，也耐轻碱土壤。

2. 应用

适宜种植在疏林下及林缘墙垣半阴处，也可植于溪边和湖畔。也可做花坛和花境。矮生类型可布置岩石园。可作切花或盆栽。盆栽和切花观赏，具有纯朴、典雅风采。

(十七)矾根(*Heuchera micrantha* Dougl.)

1. 生长适应性

多年生宿根花卉，自然生长在湿润多石的高山或悬崖旁。性耐寒，喜阳耐阴。在肥沃、排水良好，富含腐殖质的土壤上生长良好。喜中性偏酸、疏松肥沃的壤土，适宜生长在湿润但排水良好、半遮阴的土壤中，忌强光直射。

2. 应用

园林中多用于林下花境，地被，庭院绿化等。花期4~10月。是理想的宿根花境材料。

幼苗长势较慢，成苗后生长旺盛，是少有的彩叶阴生地被植物，耐-34℃低温。

【拓展提高】

地被植物的一般特性

地被植物和草坪植物一样，都可以覆盖地面，涵养水分，但地被植物有许多草坪植物所不及的特点：

（1）多年生植物，常绿或绿色期较长，以延长观赏和利用的时间。地被植物个体小、种类繁多、品种丰富。地被植物的枝、叶、花、果富有变化，色彩万紫千红，季相纷繁多样，营造多种生态景观。

（2）具有美丽的花朵或果实，而且花期越长，观赏价值越高。

（3）具有独特的株型、叶型、叶色和叶色的季节性变化，从而给人以绚丽多彩的感觉。

（4）具有匍匐性或良好的可塑性，这样可以充分利用特殊的环境造型。

（5）植株相对较为低矮。在园林配置中，植株的高矮取决于环境的需要，可以通过修剪人为地控制株高，也可以进行人工造型。地被植物中的木本植物有高低、层次上的变化，而且易于造型修饰成模纹图案。

（6）具有较为广泛的适应性和较强的抗逆性，耐粗放管理，能够适应较为恶劣的自然环境。

（7）具有发达的根系，有利于保持水土以及提高根系对土壤中水分和养分的吸收能力，或者具有多种变态地下器官，如球茎、地下根茎等，以利于贮藏养分，保存营养繁殖体，从而具有更强的自然更新能力。

（8）具有较强或特殊净化空气的功能，如有些植物吸收二氧化硫和净化空气能力较强，有些则具有良好的隔音和降低噪音效果。

（9）具有一定的经济价值，如可用作药用、食用或为香料原料，可提取芳香油等，以利于在必要或可能的情况下，将建植地被植物的生态效益与经济效益结合起来。

（10）具有一定的科学价值，主要包括两个方面，一是有利于植物学及其相关知识的普及和推广，二是与珍稀植物和特殊种质资源的人工保护相结合。上述特性并非每一种地被植物都要全部具备，而是只要具备其中的某些特性即可。同时，在园林配置中，要善于观察和选择，充分利用这些特性，并结合实际需要进行有机组合，从而达到理想的效果。

（11）地被植物适应性强，生长速度快，可以在阴、阳、干、湿多种不同的环境条件下生长，弥补了乔木生长缓慢、下层空隙大的不足，在短时间内可以取得较好的观赏效果。

(12) 繁殖简单，一次种下，多年受益。在后期养护管理上，地被植物较单一的大面积的草坪，病虫害少，不易滋生杂草，养护管理粗放，不需要经常修剪和精心护理，减少了人工养护花费的精力。

任务二　木本地被植物认知

【任务描述】

教师要求学生检查某块绿地中木本地被植物的生长情况，并对其生长状态、生长习性等方面做记录。首先辨认地被植物种类，在调查表中准确填写该地被植物的形态；然后细致观察的其长状态，结合其生长习性在调查表中记录该地被植物的生长情况。

【任务目标】

1. 掌握木本地被植物的概念，了解地被植物的选择标准及其常见分类。
2. 掌握木本地被植物的生长适应性，了解其应用。
3. 能够分析木本地被植物的生长状态。

【任务流程】

环节一：知识学习

一、木本地被植物

所谓木本地被植物和草本地被植物相对，是指具有木质茎特征的地被植物。常见的木本地被植物如绣线菊、沙地柏等。

二、地被植物选择标准

地被植物在园林中所具有的功能决定了地被植物的选择标准。一般说来地被植物的筛选应符合以下 4 个标准：

(1) 多年生，植株低矮、高度不超过 100cm。

(2) 全部生育期在露地栽培。

（3）繁殖容易，生长迅速，覆盖力强，耐修剪。

（4）花色丰富，持续时间长或枝叶观赏性好。

（5）具有一定的稳定性。

（6）抗性强、无毒、无异味。

（7）能够管理，即不会泛滥成灾。

三、地被植物的分类

地被植物的分布极为广泛，大致可分为以下几类：

1. 一、二年生草本

一、二年生草本植物主要取其花开鲜艳，大片群植形成大的色块，能渲染出热烈的节日气氛。

2. 多年生草本

多年生草本植物在地被植物中占有很重要的地位。多年生草本植物生长低矮，宿根性，管理粗放，开花见效快，色彩万紫千红，形态优雅多姿。重要的多年生草本地被植物有：吉祥草、石蒜、葱兰、麦冬、鸢尾类、玉簪类、萱草类等。

3. 蕨类植物

蕨类植物在我国分布广泛，特别适合在温暖湿润处生长。在草坪植物、乔灌木不能生长良好的阴湿环境里，蕨类植物是最好的选择，常用的蕨类植物有：铁线蕨、肾蕨、凤尾蕨、波士顿蕨等。

4. 蔓藤类植物

蔓藤类植物具有常绿蔓生性、攀缘性及耐阴性强的特点。例如，扶芳藤、常春藤、油麻藤、爬山虎、络石、金银花等。

5. 亚灌木类

亚灌木植株低矮、分枝众多且枝叶平展，枝叶的形状与色彩富有变化，有的还具有鲜艳果实，且易于修剪造型。常见的有十大功劳、小叶女贞、金叶女贞、红继木、紫叶小檗、杜鹃、八角金盘等。

6. 竹类

竹类中的箬竹、匍匐性强、叶大、耐阴；还有倭竹、枝叶细长、生长低矮，用作地被配置，别有一番风味。

环节二：木本地被植物认知

一、木本地被植物形态识别

（一）绣线菊（*Spiraea japonica* L. f.）

又名粉花绣线菊（图1-2-18），枝条圆而细长，被短毛，叶卵状椭圆形，缘具缺刻状重锯齿，叶表暗绿脉上有毛，叶背略有白粉并沿脉有毛，复伞房花序生于当年生的长枝枝顶，花粉红色，雄蕊少，仅25～30枚，蓇葖果成熟时半。

图1-2-18　绣线菊

（二）沙地柏（*Sabina vulgatis* Ant）

匍匐性灌木（图1-2-19），枝密，斜上伸展，枝皮灰褐色，裂成薄片脱落；一年生枝的分枝皆为圆柱形。叶二型：刺叶常生于幼树上，稀在壮龄树上与鳞叶并存，常交互对生或兼有三叶交叉轮生，排列较密，向上斜展，先端刺尖，上面凹，下面拱圆，中部有长椭圆形或条形腺体；鳞叶交互对生，排列紧密或稍疏，斜方形或菱状卵形，先端微钝或急尖，背面中部有明显的椭圆形或卵形腺体。雌雄异株，稀同株；雄球花椭圆形或矩圆形；雌球花曲垂或初期直立而随后俯垂。球果生于向下弯曲的小枝顶端，熟前蓝绿色，熟时褐色至紫蓝色或黑色，多少有白粉，具1～4粒种子，多为倒三角状球形；种子常为卵圆形，微扁，顶端钝或微尖。

图1-2-19　沙地柏

图1-2-20　金银花

（三）金银花（*Lonicera Japonica* Thunb.）

多年生半常绿缠绕及匍匐茎的灌木（图1-2-20）。小枝细长，中空，藤为褐色至赤褐色。卵形叶子对生，枝叶均密生柔毛和腺毛。夏季开花，苞片叶状，唇形

单元一　草坪与地被植物认知

花有淡香，外面有柔毛和腺毛，雄蕊和花柱均伸出花冠，花成对生于叶腋，花色初为白色，渐变为黄色，黄白相映，球形浆果，熟时黑色。

二、木本地被植物应用

（一）绣线菊（*Spiraea japonica* L. f.）

1. 生长适应性

喜光，阳光充足则开花量大，耐半阴；耐寒性强，能耐 -10℃低温，喜四季分明的温带气候，在无明显四季交替的亚热带、热带地区生长不良；耐瘠薄、不耐湿，在湿润、肥沃富含有机质的土壤中生长茂盛，生长季节需水分较多，但不耐积水，也有一定的耐干旱能力。

2. 应用

广泛应用于各种绿地，可作地被观花植物、花篱、花境。花繁叶密具有观赏价值，可作绿化植物。

（二）沙地柏（*Sabina vulgatis* Ant）

1. 生长适应性

喜光，喜凉爽干燥的气候，耐寒、耐旱、耐瘠薄，对土壤要求不严，不耐涝。适应性强，生长较快，栽培管理简单。

2. 用途

沙地柏匍匐有姿，是良好的地被树种。适应性强，宜护坡固沙，作水土保持及固沙造林用树种，是华北、西北地区良好的绿化树种。

（三）金银花（*Lonicera Japonica* Thunb.）

1. 生长适应性

适应性很强，喜阳光和温和、湿润的环境，耐阴，耐寒性强，也耐干旱和水湿，对土壤要求不严，但以湿润、肥沃的深厚沙质壤上生长最佳，生活力强，适应性广每年春夏两次发梢。根系繁密发达，萌蘖性强，茎蔓着地即能生根，是一种很好的固土保水植物。

2. 用途

由于匍匐生长能力比攀缘生长能力强，故更适合于在林下、林缘、建筑物北侧等处做地被栽培；金银花还可以做绿化矮墙；亦可以利用其缠绕能力制作花廊、花架、花栏、花柱以及缠绕假山石等。优点是蔓生长量大，管理粗放，缺点是蔓与蔓缠绕，地面覆盖高低不平，给人杂乱无章之感。

【拓展提高】

一、应用范围

北方地区由于受气候条件的影响，园林景观的季节性变化非常明显，这为地被植物的选择应用提供了很大的空间。如何选择恰当的地被植物增加北方园林景观的美感，延长游憩和观赏期显得颇为重要。北方园林中适于地被植物栽植的地点大致有以下几个方面：

（1）园林中的斜坡地来、往人较少地被兼有绿化美化和保持水土的功效。

（2）栽培条件差的地方，如土壤贫瘠、砂石多、阳光郁闭或光照不足、风力强劲建筑物残余基础地等场所地被植物可起到消除死角的作用。

（3）某些不允许践踏之处可借地被植物阻止入内。

（4）养护管理不方便的地方，如水源不足、剪草机械不能入内、分枝很低的大树下等地块选用覆盖能力强、耐粗放管理的地被很适宜。

（5）不经常有人活动的地块多集中在边角处或景点较少园路未完全延伸到的地方，地被植物可在一定程度上弥补整体景观的缺憾。

（6）出于衬托景物的需要，如雕塑溪边花坛花境镶边处，可用地被植物加强立体景观效果。

（7）杂草猖獗的地方可利用适应强、生长迅速的地被植物人为建立起优势种群抑制杂草滋生。此外，对于园林中乔灌木林下大片的空地，选择耐阴性好、观赏期长、观赏价值较高、又耐粗放管理的地被种类，不仅能增加景观效果，又不需花太多的人力、物力去养护，如北京天坛公园柏树林下成片的二月蓝，早春开出蓝色的小花，甚为美观。

二、地被植物在园林绿化中的应用形式

1. 花坛

花坛内的植物要求植株低矮，群体花期较长，观赏效果良好。常用的地被植物有紫萼、玉簪、鸢尾、德国鸢尾、萱草、三七、银叶菊、马蔺、荷兰菊、五彩石竹等。

2. 花境

花境内的植物要求花期较长，植株较高，花叶兼美，可以花灌木和宿根花卉混栽。常用的地被植物有玉簪、地中海荚蒾、金叶大花六道木、鸢尾、斑叶芒、细叶芒、亚菊、萱草等。

3. 道路绿地

道路绿地中的植物要求耐干旱，耐贫瘠。常用的地被植物有大花金鸡菊、景天三七、荷兰菊、诸葛菜、紫苜蓿等。

4. 垂直绿化

垂直绿化中的植物要求有一定的攀缘能力，以藤本类为主，常用的有常春藤、爬山虎等。

单元小结

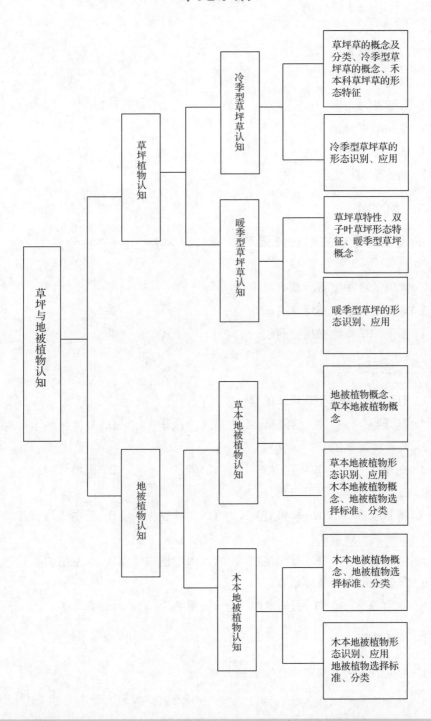

单元练习

一、基本概念

1. 草坪
2. 草坪草
3. 冷季型草坪草
4. 暖季型草坪草
5. 地被植物

二、填空题

1. 按照草坪草的生长气候可以将其分为（　　）类，分别为（　　　）、（　　　）。
2. 常见的冷季型草坪草有（　　）、（　　）、（　　）等。
3. 常见的暖季型草坪草有（　　）、（　　）、（　　）等。
4. 常见的草本地被植物有（　　）、（　　）、（　　）等。

三、选择题

1. 下列属于冷季型草坪草的是（　　）。
   A. 狗牙根　　　B. 结缕草　　　C. 地毯草　　　D. 草地早熟禾
2. 具有匍匐茎的是（　　）。
   A. 蛇莓　　　B. 落新妇　　　C. 麦冬　　　D. 矾根
3. 白三叶具有以下形态特征（　　）。
   A. 穗状花序　　B. 掌状复叶　　C. 刺叶轮生　　D. 花期9月
4. 玉簪属于典型的（　　）。
   A. 阴性植物　　B. 阳性植物　　C. 木本植物　　D. 水生植物
5. 常见的细叶型草坪草有（　　）。
   A. 结缕草　　　B. 假俭草　　　C. 早熟禾　　　D. 高羊茅

四、思考题

1. 常见的非禾本科草坪草有哪些？

2. 如何区分野牛草和草地早熟禾?
3. 什么是地被植物?
4. 地被植物是如何分类的?
5. 如何区分薹草和丹麦草?
6. 如何选择地被植物?
7. 调查校园环境,写一份地被植物应用建议书。

单元一 技能考核

一、技能考核评分

植被记录表

序号	种名	科名	属名	形态特征	生长评价
	10分	10分	10分	60分	10分
1					
2					
…					
总分					

备注:1. 此表格为学习任务中学生完成任务所填写的记录表。
2. 各学习任务完成后学生按时上交此表格,未能按时上交者本次学习任务的技能考核分为0分。
3. 表格各项内容准确填写。形态特征描写要求准确无误,根据错误酌情扣分。
4. 生长评价简单明了。

二、植物认知的考核内容及标准

1. 草坪植物认知(50%)

(1)认知17种以上草坪植物种,描述其形态特征,及其科属种名称。(91~100分)

(2)认知15~16种草坪植物种,描述其形态特征,及其科属种名称。(81~90分)

(3)认知13~14种草坪植物种,描述其形态特征,及其科属种名称。(71~80分)

(4)认知10~12种草坪植物种,描述其形态特征,及其科属种名称。(60~

70分)

(5)认知10种以下草坪植物种和形态特征描述及科属种名称。(60分以下)

2. 地被植物认知(50%)

(1)认知19种以上地被植物种,描述其形态特征,及其科属种名称。(91~100分)

(2)认知17~18种以上地被植物种,描述其形态特征,及其科属种名称。(81~90分)

(3)认知15~16种以上地被植物种,描述其形态特征,及其科属种名称。(71~80分)

(4)认知12~14种以上地被植物种,描述其形态特征,及其科属种名称。(60~70分)

(5)认知12种以下以上地被植物种,描述其形态特征,及其科属种名称。(60分以下)

单元二
草坪建植与地被植物栽培

单元介绍

本单元依据园林绿化岗位工作内容，设置了草坪建植、地被植物繁殖和地被植物栽培三个项目，分别学习草坪建植和地被植物繁殖、地被植物栽培的相关内容。其中，项目一草坪建植，依据草坪植物的有性繁殖和无性繁殖特点，分别设置了播种建植草坪和营养体建植草坪两个学习任务；项目二地被植物繁殖，分别设置了白三叶播种繁殖、德国鸢尾分株繁殖、八宝景天扦插繁殖三个学习任务；项目三地被植物栽培，设置涝峪薹草裸根苗栽培和落新妇容器苗栽培两个学习任务。

单元目标

通过学习草坪建植和地被植物栽植，完成草坪建植和地被植物栽植过程。学会准备工具和材料，使用工具和设备；掌握草种选择和组合原则，地被植物常用栽植方法和种植规范等相关知识。熟悉地被植物栽植的工作环节和规程、规范；学会制作坪床，播种，起草皮，铺植草皮，地被植物种苗培育和栽种等技能；最终形成从事建植草坪、地被植物栽植的职业能力。

项目一　草坪建植

一般将草坪建植工作简称为"建坪"。建坪是指利用人工的方法建立草坪的综合技术，包括有性(种子)繁殖和无性(营养体)繁殖。有性(种子)繁殖草坪建植工作包括坪床准备、草种选择、种植过程和幼坪养护管理等四个主要环节。其中，准备坪床是基础，选择组合草种是关键，播种的量和均匀度是重点，苗期养护是重要保障。营养体建植草坪主要学习起草皮方法和铺植方法。

任务一　种子播种建植草坪

种子播种建植任务的实施，要求学生具备一定的理论知识储备和实践经验与实际操作能力。通过完成该任务，学生可以系统学习种子播种建植草坪相关理论知识，并能完成完整的草坪建植过程。首先，要掌握坪床准备方法，了解草坪草种选择方法，草坪坪床准备与建植的步骤与技术要点，苗期管理措施等；其次，在学习和掌握相关理论知识的基础上，进行小组讨论，编写任务实施计划；最后，严格按照计划实施和完成任务，并进行考核评价。

【任务描述】

采用种子播种方式建植校园绿地草坪，要求在计划时间内提出建植方案，详细说明草种组合方法和坪床准备工序，完成校园绿地草坪的种子播种建植任务。

【任务目标】

1. 掌握草种选择的依据和草种组合的方法。
2. 掌握常用播种方法。
3. 掌握坪床准备方法和草坪建植方法与步骤。
4. 掌握苗期管理的方法与注意事项。
5. 能够正确选择草坪草种，合理组合草种。
6. 能够团队协作完成坪床准备和草坪建植。
7. 能够准确进行草坪苗期管理。

8. 培养吃苦耐劳、安全生产、规范操作、节约成本的职业素养。

【任务流程】

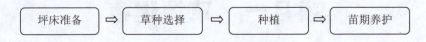

环节一：坪床准备

【知识学习】

坪床条件的好坏直接影响草坪草的生长发育状况，是草坪建植成功与否的关键。坪床准备工作一般包括坪床清理、翻耕、平整和施基肥等。

一、坪床清理

(一) 杂草防除

使用化学除草剂杀灭杂草。依据作用范围，通常将除草剂分为选择性除草剂和非选择性除草剂。而在坪床准备过程中采用化学方法除草时，用非选择性除草剂将坪床内的所有植物全部杀灭，从根源上降低杂草产生的可能性。

(二) 木本植物清理

坪床中除了杂草等草本植物外，可能还会存在一些木本植物，如乔木、灌木和地上部分已经死掉，但仍在坪床表面留有树桩、树根的植物。根据景观需要和功能要求适当保留仍在生长的木本植物，其余的不符合要求的应当进行移栽或连根拔除。对于地上部分已经死亡，但仍在坪床表面残留树桩和树根的，必须全部挖除。因为树桩和树根在未腐烂时会影响草坪草的生长发育，而腐烂后又会使坪床形成洼地，破坏草坪，还可能会引发草坪病害。

(三) 石块的清理

建坪时的石块、瓦砾、砖块、水泥块等建筑垃圾的清除是必不可少的，因为草坪绿地的建植多是在建筑工程施工之后才进行。对于比较严重的建筑垃圾，应当进行一定深度的挖方和填方，清除的石块可埋于地下 60 cm 处，并用土填平，太多时需移出坪床。一般应清除土壤表层以下 15~20 cm 深的石块和瓦砾，以利于草坪草的生长，避免杂草的入侵。

二、翻耕

(一) 翻耕的目的

为草坪草的生长提供一个透气性良好的，疏松的土壤层，提高土壤的持水能力，减少草坪草根系向下生长的阻力。

(二)翻耕的方法

(1)坪床面积较小时,可人工挖或用耕机耕作。

(2)坪床面积较大时,用机械犁耕、圆盘犁耕和耙地等操作。

首先进行犁耕,使坪床下层土壤松散,但是犁的表面不平,常常带有犁沟和垄。因此,对坪床进行圆盘犁耕,这样就能使翻动的下层土壤破碎,让表层土与下层土充分混合,从而改善土壤结构,使坪床平整。如果犁耕后,坪床土壤中还埋有有机残留物,视工期情况,等其腐烂分解后再进行圆盘犁耕。耙地则在机械犁耕和圆盘犁耕完成后立即进行,也可待有机残留物分解完毕后再进行,主要目的是平整犁耕和圆盘犁耕留下的沟和垄。

图 2-1-1　使用铁锹翻耕

(三)翻耕时对土壤含水量的要求

土壤含水量要适中。如果土壤太湿,容易形成泥条;如果土壤太干,土壤不易破碎,不能很好地形成适宜植物生长的土壤颗粒。

三、平整

坪床的平整是指根据坪床中高低起伏的状况与程度,进行挖方或填方平滑地表,使坪床表面均匀一致,不积水,不形成陡坡,最终为草坪的建植提供理想的苗床的作业。坪床的平整分以下两步进行。

(一)粗平整

粗平整是指床面的等高处理,即挖掉突起,填平低洼。挖方或填方必然会出现一定程度的沉降现象,细土通常下沉15%左右。因此,每填30 cm镇压一次,或让填方超过设计高度,让其自然沉降。挖填方时要尽量保证坪床有12~15 cm厚的表层土,从而保证土壤储存的足够的养分。

(二)细平整

细平整是在粗平整的基础上进一步平整坪床,随后用人工或机械耙平。在细平整前一定要让土壤充分沉降,以免建坪后出现高低不平的坪床,给草坪的养护带来一定的难度。细平整也必须在土壤湿度适宜时进行,才能形成理想的土壤颗粒。

四、施基肥

足够的养分是草坪草良好生长的重要保证,在土壤肥料不足时,可施入一定量的有机肥,以减轻草坪管理的难度。基肥主要是磷肥和钾肥,在最后一次平整前施入氮肥,以促进幼苗根系吸收。

通常,根据土壤测定结果,按实际需要决定施肥量,避免浪费。一般,氮:磷:钾=1:2:1 的复合肥的用量是 $230\sim450\ g/m^2$。

【技能训练】

一、所需用品

非选择性除草剂、肥料、铁锹、镐头、平耙、水管、施肥机、滚压器等。

二、内容及步骤

(一)坪床清理

(1)用灭生性(非选择性除草剂),将坪床中的杂草及种子清理干净。

(2)挖除坪床中残留树桩和树根。

(3)清除石块、瓦砾、砖块、水泥块等建筑垃圾。

(二)翻耕

由于校园草坪绿地面积较小,采用人工翻耕的方法,在土壤含水量适中时用铁锹和镐头深翻 $20\sim30cm$。

(三)平整(图2-1-2)

(1)粗平整:挖掉突起,填平低洼,对床面进行等高处理。

(2)细平整:在粗平整的基础上进一步平整坪床,然后用平耙人工耙平。

图 2-1-2 平整

(四)施基肥

坪床准备时施入磷肥和钾肥,在最后一次平整前施入氮肥。如果需要再施入氮磷钾复合肥,根据实际情况决定用量。

环节二:草种选择

【知识学习】

一、草种选择

选择的草坪草种是否适应当地气候与土壤条件是草坪建植成败的又一个重要关键。

(一)草种选择应遵循的依据

(1)选择在特定区域对主要病虫害表现出较强的抗性。

(2)选择在外观竞争力上基本相似的品种。

(3)选择至少一个品种,在当地条件下,在任何特殊的条件下均能正常生长发育。

(二)草种选择应考虑的因素

(1)对当地气候条件和土壤条件的适应性。

(2)灌溉条件。

(3)建坪成本及养护管理水平要求。

(4)草坪的用途和功能。

(5)对草坪的品质和美观的要求。

(6)对不良环境条件的抗性(抗寒性、抗旱性、抗热性、抗病虫能力等)。

(7)对外力的抵抗能力(耐践踏能力、耐修剪性等)。

二、草种组合

(一)草种组合的分类

1. 依据草种组成分类

(1)单播:由一个草种的某一个品种建成的草坪。例如,草地早熟禾的巴润建成的草坪。

优点:保证了草坪最高的纯度和一致性,可造就最美、最均一的草坪外观。

缺点:由于遗传特性较为单一,因此,对环境的适应能力较差,要求养护管理的水平也较高。

(2)混合：由一个草种的两个或两个以上品种建成的草坪。例如，草地早熟禾的巴润和午夜建成的草坪。

优点：有较丰富的遗传特性，较能抵御外界不稳定的气候环境和病虫害多发的草坪场合，同时也具有较为一致的草坪外观。

(3)混播：由两个或两个以上草种建成的草坪。例如，草地早熟禾与多年生黑麦草建成的草坪。

优点：使草坪有较广泛的遗传特性，因而草坪对外界具有更强的适应能力。

缺点：草坪的一致性较差，常常景观不够理想。

2. 依据草种数量及作用

(1)建群种：建群种是永久性品种，能够体现草坪的功能和适应能力，通常在草坪群落中的比重为50%以上，又称基本种。

(2)伴生种：伴生种是草坪群落中第二重要的草种，当建群种生长受到不良环境的影响时，由伴生种来维持和体现草坪的功能和对不良环境的适应能力，在草坪群落中的比重为30%左右，又称辅助种。

(3)保护种：保护种一般是发芽迅速，成坪快，一二年生的草种，在群落组合中充分发挥先期生长优势，对草坪组合中的其他草种起到先锋和保护作用，在草坪群落中的比重为10%左右。

(4)特殊种：特殊种是对阴性地区、潮湿地区或其他不良环境有一定抗性的品种。

(二)草种组合的原则

(1)各类草种的优势互补。

(2)种间亲和性，共生互补。

(3)外观一致性。

(4)至少选出一个品种，能够适应当地正常条件和任何特殊条件。

(5)至少选择3个品种进行混合，但品种不宜过多。

【技能训练】

一、所需用品

草地早熟禾种子(g)、多年生黑麦草种子(g)、高羊茅(g)。

二、内容及步骤

(一)园林观赏草坪草种选择与组合

为了建成遗传特性较丰富、抗性较强，并且外观较一致的草坪，依据草种的选择依据和组合原则，园林观赏草坪应选用叶片纤细、生长低矮、绿色期长、较抗病的草坪草种。北方地区可选用草地早熟禾和多年生黑麦草进行混播。其中，草地早熟禾作建群种，可选用2~3个品种，播种量占80%；多年生黑麦草作伴生种，选用1~2个品种，播种量占20%。

(二)游憩草坪草种选择与组合

选择较耐贫瘠、耐践踏、耐粗放管理的草坪草种。北方地区不但可选择草地早熟禾、高羊茅和多年生黑麦草等冷地型草坪草进行混播。其中，草地早熟禾可选用2~3个品种，播种量占30%；高羊茅可选用2~3个品种，播种量占60%；多年生黑麦草可选用1~2个品种，播种量占10%。也可选择野牛草或结缕草等暖地型草坪草。

环节三：种植

【知识学习】

一、播种时间

为了利于种子萌发，提高幼苗成活率，保证幼苗有足够的生长时间，能正常越冬或越夏，并抑制苗期杂草的危害，草坪的播种时间应抓住适期。

暖季型草坪草发芽温度相对较高，一般为20~35℃，最适温度为25~30℃。所以，暖季型草坪草必须在春末和夏初播种，这样才能有足够的时间和条件形成草坪。

冷季型草坪草发芽温度为10~30℃，最适发芽温度为20~25℃。所以冷季型草坪草适宜播种期在春季、夏末和秋季。

二、播种量

(一)播种原则

保证足够量的种子发芽，每平方米出苗应在1万~2万株。

(二)单播草坪播种量计算方法

假定所有的纯活种子都能出苗，草地早熟禾种子纯度为90%，发芽率为80%，每克种子4000粒时，每平方米应播3.6~7.2 g种子。实际上由于种子的质量和播后环境条件的影响，幼苗的致死率可达50%以上，因此，草地早熟禾的建议播种量为10~15 g/m^2；高羊茅播种量为30~35 g/m^2，多年生黑麦草播种量为20~25 g/m^2。特殊情况下为了加快成坪速度，可加大播种量。

(三) 混播草坪的播种量计算方法

当两种草混播时选择较高的播种量,再根据混播的比例计算出每种草的用量。

三、播种方法

草坪草播种是指把种子均匀地撒在坪床上的作业。一般撒播种子后将种子混入 0.5~1.5cm 的表土层中,或者覆土 0.5~1.0cm。

播种的深度与覆土的厚度一定要适中,如果种子播种过深或覆土过厚,会导致种子不易萌发,出苗率就会下降;如果播种过浅或不覆土,种子会被地表径流冲走或发芽后容易干枯。一般播种深度不超过种子的长轴粒径的3倍为宜。

(一) 人工撒播

要求:作业人员播种技术熟练,要达到播种均匀一致的要求(图 2-1-3)。

优点:较灵活,在特殊地段也能适用。

缺点:如果操作不当或技术不熟练,易导致播种不均匀和用种量不易控制,从而造成种子浪费,也容易导致出苗不均匀,形成草坪斑秃。

(二) 机械播种

当草坪建植面积较大时,使用机械播种可大大提高工作效率。

图 2-1-3　人工撒播

优点:容易控制播种量、播种均匀、省时、省力。

缺点:不够灵活,在特殊地段不适用。

播种机分类:

1. 根据动力类型划分

播种机可分为手摇式播种机(图 2-1-4)、手推式播种机(图 2-1-5)和自行式播种机。

图 2-1-4　手摇式播种机

2. 根据种子下落方式划分

播种机可分为旋转式播种机和下落式播种机。

四、覆盖

覆盖是播种建植草坪播后管理工作中的一项非常重要的内容。

(一) 目的

(1) 稳定土壤中的种子，防止暴雨或灌水的冲刷。
(2) 防止地表板结，保持土壤较高的渗透性。
(3) 保持土壤水分。
(4) 抗风蚀。
(5) 调节坪床地表温度，夏天防止幼苗暴晒，冬天增加坪床温度，促进发芽。

图 2-1-5　手推式播种机

(二) 材料

(1) 专门生产的覆盖材料：草帘、地膜、无纺布、遮阳网、草袋等。
(2) 就地取材的覆盖材料：农作物秸秆、锯末、树叶等。

(三) 揭覆盖物

(1) 早春、晚秋低温播种时覆地膜，目的是提高坪床土壤的温度。早春覆盖待温度回升后，幼苗分蘖分枝时揭地膜。
(2) 秋冬覆盖，持续低温可不揭膜，若幼苗生长健壮并具有抗寒能力时可以揭膜。
(3) 夏季覆盖的目的是降温和保水，待苗出齐后为避免影响光合作用，选择在阴天或晴天的傍晚揭去覆盖物。

五、浇水

种子只有吸收足够的水分才能生根发芽，进而进行一系列生理生化反应。因此，出苗阶段应使坪床土壤保持湿润状态直至出苗出齐。

建坪时浇水注意事项：播种前 24～48 h 将坪床浇透，待坪床稍干燥，用钉耙重耙再播种；出苗阶段的草坪浇水应遵循"少量多次"原则；采用喷灌，水量和力度均不宜过大。

【技能训练】

一、所需用品

草地早熟禾种子 (g)、多年生黑麦草种子 (g)、尿素、沙子、平耙、水管、施肥机、滚压器。

二、内容及步骤

(一)确定播种时间

草地早熟禾、高羊茅和多年生黑麦草均是冷季型草坪草种,所以在春季播种。

(二)计算播种量

配制80%草地早熟禾和20%多年生黑麦草进行混播,混播种量20 g/m²,那么,草地早熟禾播种量20 g/m²×80% = 16 g/m²;多年生黑麦草播种量20 g/m² × 20% = 4 g/m²。

(三)播种方法

为了尽量使播种均匀,避免种子浪费,播种按照以下步骤进行。

(1)把坪床划分成若干小区。

(2)把草地早熟禾与多年生黑麦草种子混匀后再与小区相应分成若干份。

(3)把种子均匀地撒播在相应的小区上,分2~3次横向、纵向均匀撒播(细小种子可与细沙拌种,与细沙一同撒播,细沙能够起到一定保护作用)。

(4)用细齿耙轻耙,使种子浅浅地混入表土层。若需要覆土,细土也要分成相应的若干份撒在各小区的种子上。

(5)轻度镇压,使种子与土壤紧密接触,利于种子萌发。

(6)喷灌。镇压后立即喷灌,灌水的强度与量要适宜,避免冲刷种子。

环节四:苗期养护

【知识学习】

草坪苗期养护是指草坪草自出苗至成坪期间养护管理。主要包括以下管理措施:

一、水分管理

草坪苗期土壤水分要适中,浇水过多易导致幼苗根系腐烂,浇水过少易引发干旱,不利于草坪草的生长。具体做法是:以浇透一次水为基础,然后任其自然蒸发,至1/2坪面土壤变灰白,再浇第二次水,至整个坪面土壤几乎变灰白,再浇第三次水(图2-1-6)。随着时间的推移,每次土壤变白后延长1~2 d蹲苗时间,直到成坪。若遇大雨,应注意及时排水。

二、追肥

在施足基肥的基础上，草坪草出苗后，及时进行第一次追肥，以速效肥（如尿素）为主，以促进分蘖和分枝。尿素施肥量 5 g/m^2。施入后立即浇水，一是为了加强对肥料的吸收，二是为了避免烧苗。第二次和第三次分枝、分蘖肥视幼苗长势，根据具体情况而定。一般可与首次、二次剪草相结合施用。

图 2-1-6　喷壶浇水

三、修剪

幼坪修剪要注意的问题：如果修剪时土壤潮湿，剪草机容易在草坪上压出沟或把幼苗连根拔起，修剪前应减少浇水，等土壤干燥、紧实后再修剪；剪草机的刀片一定要锋利。

四、杂草防除

苗期，杂草会是影响成坪的最大问题，若幼坪中出现杂草时应及时人工拔除。在草坪成坪前一般不能使用化学除草剂。如果人工除草有困难，最早也要到草坪草第四叶全展开后才能化学除草。

五、病害防治

苗期，如果过量喷灌，可能会出现苗期猝倒病。苗期猝倒病主要症状为种子出土前腐烂，出土后幼苗倒伏，颜色从绿色变为褐色，直至腐烂枯萎。一旦发病，可用地茂散或百维灵等杀菌剂。

六、虫害防治

新建草坪中，虫害发生的可能性很小。但如果处于蝼蛄的活动期，要注意预防蝼蛄对草坪幼苗的危害，可用辛硫磷进行控制。

【技能训练】

一、所需用品

剪刀、细沙、肥料、水管、施肥机、病虫害防治药物等。

二、内容及步骤

(一)修剪

草坪修剪应遵循1/3原则,即每次修剪时,剪掉的部分不能超过草坪草自然高度的1/3。

(二)施肥

出苗后7~10 d,及时施入尿素,施肥量为5 g/m²,施后立即浇水。

(三)灌溉

苗期草坪的灌溉应遵循"少量多次"原则。

(四)杂草控制

直到草坪草长出3片叶之前,一旦发现有杂草长出,应及时人工拔除。待草坪草4片叶完全展开后可以用2,4-D等选择性除草剂进行除草。

(五)病虫害防治

建坪期的草坪病虫害防治工作,要做到随时观察,及时发现,对症下药。

【拓展提高】

种子播种建植草坪,除了直播种子的方法以外,还有喷播法和植生带法。

一、喷播法

喷播法是以水为载体,将植物种子、黏合剂、纤维覆盖物、肥料、保水剂、染色剂等均匀地混合成浆状物,用高压将草浆喷到土壤表面,播种、施肥与覆盖一次操作完成的作业。

此方法主要适用于公路和铁路的路基、高速公路两侧的隔离带和护坡、堤坝护坡和斜坡进行绿化。

二、植生带法建植草坪

植生带法是草坪建植中的一项新技术,是指把草种均匀地固定在两层无纺布或纸布之间,形成草坪的方法。

植生带法优点:铺植方便,适宜不同坡度地形,无需专门播种机械,种子固定均匀,防止种子冲失,减少水分蒸发等。

植生带法缺点:费用相对较高,翦股颖等小粒草种出苗困难,运输过程中可能引起种子脱离和移动造成出苗不齐,种子播量固定导致难以适合不同场合等。

【思考与讨论】

1. 草坪建植前选择种子应该遵循什么样的原则?

2. 请简述坪床准备方法。
3. 撒播种子需要注意哪些问题？
4. 幼坪管理保护有哪些管理措施，应该怎么做？

任务二　营养体建植草坪

【任务描述】

营养体建植与播种相比，其主要优点是能迅速形成草坪，见效快，坪用效果直观；无性繁殖种性不易变异，观赏效果较好；营养体繁殖各方法对整地质量要求相对较低。主要缺点是：草皮块铲运、种茎加工或铺（栽）植费时费工，成本较高。

用营养体繁殖方法建植校园绿地。根据所学理论知识，结合生产实际，提出实施方案，小组讨论方案，修改方案，严格按照方案实施，完成铺植草皮法和直栽法建植草坪的任务。

【任务目标】

1. 了解营养体建植草坪的类别。
2. 了解营养体建植草坪与种子播种建植草坪之间的区别。
3. 掌握直栽法建植草坪的操作步骤与技术要点。
4. 能够团队协作用直栽法和铺植草皮法完成草坪建植。
5. 能够准确进行营养繁殖草坪的苗期养护管理。
6. 具备吃苦耐劳、踏实肯干的职业素养。

【任务流程】

环节一：准备材料

【知识学习】

草皮铺植法是指将草皮铺植后，草皮经过分枝、分蘖和匍匐生长最终成坪的草坪建植方法，是营养体建植草坪较为常见的方法。

一、起草皮之前的准备工作

如果土壤干燥,起草皮就会比较难,而且容易松散。为了保持土壤湿润,起草皮之前 24 h 就要修剪、喷水和镇压等工序。

二、起草皮方法

(一) 人工起草皮

先用刀把草坪划成长 30~40 cm,宽 20~30 cm 的方块,用平底铁锹铲起 0.5 cm 左右厚度的培养土,打包、装车和运输。

(二) 起草皮机起草皮

(1) 小型起草皮机:铲成长 1 m,宽 32 cm 左右的草皮块,卷成筒状后装车码放。此方法相比人工铲草皮省工、省时,但铲草机带土厚度约 1~2 cm。

(2) 大型起草皮机:一次作业可完成铲、切、滚卷并堆放在货盘上等工作,可用于大面积草皮生产基地。

【技能训练】

一、所需用品

草皮、刀、起草皮机、水管。

二、内容及步骤

(一) 准备工作

如果土壤干燥,起草皮就会比较难,而且容易松散。为了保持土壤湿润,起草皮之前 24 h 对野牛草草坪进行修剪、喷水和镇压等工序。

图 2-1-7 草皮卷

图 2-1-8 准备坪床

(二)人工起草皮

(1)分块：用刀把草坪切成小方块，长40cm，宽20cm。

(2)起皮：用平底铁锹铲起，带土厚度2~3cm。

(3)包装：每6~7块扎成一捆。

(4)装车：在卡车上码放整齐并运送目的地。

(三)起草皮注意事项

(1)草皮带土的厚度要尽量薄，一是尽量减少土壤损失，二是草皮重量减轻，便于搬动。

(2)草皮装载后运输至建坪现场后要尽快铺植，以免草皮失水降低成活率。

环节二：草皮铺植

【知识学习】

铺植草皮的方法有密铺法和间铺法。

一、密铺法

密铺法是将草皮铺在已经整好的坪床上，将地面完全覆盖的作业，常被称为"瞬时草坪"。

密铺法铺植草坪的成本较高，常用于急用草坪或损坏草坪的修补。

(一)机械铺设

使用大型拖拉机带动起草皮机起皮，然后自动卷皮，运到建坪场地后机械化铺植。

适用范围：用于面积较大的场地等。

(二)人工铺设

用人工或小型铲草皮机起出的草皮采用人工铺植。

二、间铺法

(1)方法：为了节约草皮材料，用长方形草皮块以间距3~6cm或更大间距铺植在坪床上，或用草皮块相间排列，铺植面积为总面积的1/2。

(2)优点：使用间铺法比密铺法可节约草皮1/3~1/2，成本相应降低。

(3)缺点：但成坪时间相对较长。

(4)适用范围：匍匐性强的草种，如狗牙根、结缕草和翦股颖等。

(5)注意事项：铺植时也要压紧、浇水。

【技能训练】

一、所需用品

沙子、滚压器、平耙。

二、内容及步骤

(一)铺植时期

在北京,春季或雨季进行铺植法建坪。

(二)材料要求

无论带土与否,铺植材料都应选择人工栽植的、干净、长势均匀、生长正常、无病虫害的成坪和幼坪。

(三)铺植方法

第一步:铺植第一行草皮,从场地边缘开始铺,草皮块之间保留1cm左右的间隙(目的是防止草皮块在搬运途中干缩,浇水浸泡后,边缘出现膨大而凸起)(图2-1-9)。

第二步:第二行草皮的铺植要像砌砖一样,与第一行要错开。

第三步:用以上方法,完成其余草皮的铺植。可在草皮上放置一块木板,人站在木板上工作,以避免人踩在新铺的草皮上造成土壤凹陷留下脚印。

第四步:用滚压器进行滚压,让草皮与土壤紧密接触,易于生根。

第五步:浇透水(图2-1-10、图2-1-11)。

图2-1-9 草皮铺植

图 2-1-10　铺植草皮后浇水　　　图 2-1-11　铺植完成的草皮

【拓展提高】

草皮铺植法和分栽法是营养体繁殖法建植草坪较为常见的两种方法。除此之外，还包括插枝条法和匍匐茎撒播法。分栽法、插枝条法和匍匐茎撒播法仅适用于匍匐茎和根茎较发达的草坪草的繁殖。

一、分栽法建植草坪

用刀片在结缕草草坪上划出 5cm×5cm 方块，用铁锹将方块挖出，带 15cm 深的根系和培养土（铁锹挖出时注意保护根系），按照 30cm 株行距栽植，栽植完立即浇透水。

二、插枝条法建植草坪

枝条是指草坪草单株，也可指含有几个节的草坪草的一部分。通常用插枝条的方法扩繁匍匐茎较发达的狗牙根和结缕草等暖季型草坪草。

1. 人工栽植

把具有 2~4 个节的枝条种在间距 15~30cm，深度 5~7cm 的沟中。在栽植过程中，要注意枝条的一部分露出土壤表面。插完枝条之后，立刻进行滚压和灌溉，以促进草坪草的恢复和生长。

2. 机械栽植

使用机械将枝条成束地送入机器滑槽内，自动种植在条沟中。

图 2-1-12　草坪块　　　　图 2-1-13　栽植的株行距

三、葡萄茎撒播法

撒播法取材容易、成坪快、成本低，它是将草坪草的匍匐茎均匀地撒在土壤表面后进行覆土和镇压的建坪方法。通常用撒播法建植狗牙根、结缕草、翦股颖、地毯草等匍匐茎较发达的草坪草。

播茎法中使用的播种材料，通常是带有 2～3 个茎节的匍匐茎，匍匐茎上的每一节都有不定根和不定芽，在适宜条件下都能生根发芽。

采集后，要在坪床土壤潮而不湿的情况下及时撒播，一般每平方米要撒播 0.5 kg 左右。播后覆 0.5 cm 左右的细土，轻耙，使匍匐茎部分插入土壤中。轻轻滚压后立即喷水，保持湿润，直至匍匐茎生根。

思考与讨论

1. 请列出起草皮的步骤与注意要点。
2. 简述草皮铺植的方法。
3. 请简述直栽法建植结缕草草坪的操作步骤。

项目二　地被植物繁殖

地被植物种类繁多、形态各异，对环境的适应能力也不同。根据园林绿地的类型、功能和性质不同，所需地被植物也略有差异。所以要因地制宜地选择地被植物并采用合适的栽培方法来营造园林地被景观。本项目根据园林地被植物繁殖特点，分别设置了任务一播种繁殖白三叶，任务二分株繁殖德国鸢尾，任务三扦插繁殖八宝景天三个学习任务，通过学习地被植物种子繁殖和营养繁殖的方法，掌握地被植物繁殖的知识和技能。

任务一　白三叶播种繁殖

【任务描述】

要求学生采用种子播种白三叶，要求生长健壮，无病虫害。根据白三叶繁育特点和要求，制订了播种繁殖计划，根据此计划实施种子播种繁殖白三叶任务。

【任务目标】

1. 掌握种子播种繁殖的方法和流程。
2. 掌握播后管理方法和技能。
3. 培养学生吃苦耐劳、团结协作等精神。

【任务流程】

环节一：繁育准备工作

【知识学习】

一、地被植物的概念

地被植物是指植株密集、低矮，经简单管理既可用于代替草坪覆盖在地表、防止水土流失，又能吸附尘土、净化空气、减弱噪音、消除污染并具有一定观赏和经济价值的植物。它不仅包括多年生低矮草本植物，还有一些适应性较强的低矮匍匐型的灌木和藤本植物。

二、白三叶生态习性

喜湿润，较耐阴，对土壤要求不严，但以在土壤深厚、地势平坦、肥沃、排水良好的中性土壤生长最佳。茎匍匐生长，不易折断，适宜修剪。

三、白三叶繁育特性

一般采用播种繁殖，也可用分根繁殖。

【技能训练】

一、所需用品

尖锹、镐、平耙、手推车等。

二、内容及步骤

(一) 清理障碍物

用铁锹、平耙等工具将栽植地现场的砖头、瓦块等障碍物装车运走。

(二) 翻耕、平整场地

用铁锹、镐等工具将场地翻深25~30cm为宜，翻地后，灌一次透水，待土不黏时即可进行耕整、细耙，使播种地土壤保持湿润、细碎、疏松，种植层内没有较大的土块、石砾及残根等，均匀施入足量的基肥；最后整平，使苗床土壤上暄下实（图2-2-1）。

(三) 施基肥

结合翻耕施入腐熟的有机肥或草炭土。将有机肥或草炭土撒在场地上，用齿耙将肥料耙均匀，施入量根据土壤肥力而定。结合土壤翻耕将肥料施入土壤中（图2-2-2）。

图2-2-1 耙平作业

图2-2-2 施肥

环节二：种子直播栽植

【知识学习】

一、地被植物种子繁育方法

(一) 自播

大部分地被植物均通过自播进行繁殖。具有自播繁殖能力的地被植物抗性较强，如果在萌芽前浇一次透水，可提高出苗率。例如，二月蓝、三叶草、紫花地丁、车前、蒲公英、白头翁、大花金鸡菊、地黄、蛇莓、美女樱、蓝亚麻等。

(二) 撒播

撒播是播种极为细小和带绒毛的种子如一枝黄花、飞蓬、旋覆花、大花铁线莲等多采用的方法。条播是中、小粒种子播种多采用的种子繁殖方法。在一个床面或垄面上，按要求的行距开沟播种。

(三) 条播

中、小粒种子播种多采用该种方法。在一个床面或垄面上，按要求的行距开沟播种(图 2-2-3)。优点是条播管理方便，通风通光好，有利于幼苗生长。缺点为出苗量不如撒播繁殖方法。

(四) 穴播

先在垄面开深为种子直径 2～3 倍的播种沟，每穴位置可放 2～3 粒种子，种子应侧放，使种子缝合线和地面垂直，尖端与地面平行。一般行距不小于 15～30 cm，株距不小于 5～15 cm。种子放好后，把播种沟两侧的土壤回填入播种沟。为使种子容易发芽出土，可在覆土前在播种沟内先撒入一层细沙。轻轻镇压垄面，如果土壤过湿可以不进行镇压。用喷壶喷水，保持床面湿润而不积水。

图 2-2-3　条播

二、种子处理的方法

(一) 硫酸浸种

少量种子可用 15% 的硫酸浸种 20～30 min 后播种。

(二)温水浸泡

用 70~80℃ 的温水浸泡,自然冷却,浸种约 12~15 h 后播种。

(三)碾破种皮

大量种子一般用碾米机碾破种皮后播种。发芽率一般为 40%~90%,有些硬实粒要到第 2 年才能出芽。

(四)种子层积处理

种子层积处理是解除种子休眠的一种方法,即将种子埋在湿沙中置于 1~10℃ 温度中,经 1~3 个月的低温处理就能有效地解除休眠。在层积处理期间种子中的抑制物质 ABA(脱落酸)含量下降,而 GA(赤霉素)和 CTK(细胞分裂素)的含量增加。

【技能训练】

一、所需用品

种子、镇压工具、耙子、覆土工具、灌溉设备等。

二、内容及方法

采用播种法繁殖。播种方法多样,可以单播,也可以混播,可以条播,也可以撒播。

(一)种子处理

(1)播种前要进行种子发芽试验,掌握种子的发芽率和发芽势。

(2)播种前可用根瘤菌拌种,接种根瘤菌后,白三叶草长势旺盛,固氮作用增强。

(3)拌种的方法是用市售的三叶草根瘤菌剂拌种。

(二)播种量

以 8~10 g/m^2 为宜。每克三叶有 1 400~2 000 粒种子,理论上说,每平方厘米土壤内有 1 粒种子,即可满足成坪的需要。实际播种量比理论播种量要大。

(三)确定播种时间

最佳播种时间是春秋两季,最适生长温度为 19~24℃,春季播种可在 3 月底至 4 月底,气温稳定在 15℃ 以上即可播种。秋季播种一般从 9 月中、下旬。

(四)播种方式

种子繁殖采用撒播、条播、穴播均可。

(五)平整土地

白三叶种子小,播种浅,因此播种前应精细整地。在播种前 1~2 d 灌足底水，使苗床保持湿润状态。

(六) 播种

(1) 播种时，按地块面积和确定的播种量等分种子，将种子与干土或细河沙混匀，播种前用耙子把苗床土壤耙疏松，有利于种子与土壤紧密结合在一起，可人工进行撒播。

(2) 若是大面积建植白三叶地被草坪，可用旋转式、落粒式播种机撒播。

(3) 将白三叶种子均匀地撒播在地块上，白三叶的播种深度为 1~1.5 cm，种子撒入坪床后，可用细齿耙将种子耙入土中，也可覆土或基质覆盖 1 cm。播种过深或覆土过厚，导致出苗率下降；过浅或不覆土，种子会被地表径流冲走或发芽后干枯。一般播种深度以不超过种子长径的 3 倍为准。

(4) 轻度镇压，使种子与土壤紧密接触。

(七) 注意事项

(1) 播种的技术关键是白三叶的播种深度为 1~1.5 cm。

(2) 播种时把种子均匀地撒于苗床上，才能达到均匀播种。播种不均匀，用种量不易控制，有时会造成种子浪费。

(3) 避免在大风天进行播种。

环节三：苗期管理

【知识学习】

撒播是极为细小和带绒毛的种子多采用的繁殖方法，其技术要点归纳以下几点：

(1) 撒播是播种极为细小和带绒毛的种子多采用的方法，为节约种子和撒播均匀，可在种子中混入适量的细沙或过筛的泥炭土。

(2) 干旱地区在播种前一天灌足底水，使土壤保持疏松。

(3) 考虑生产上播种成本的要求，确定合理的单位面积产苗量是撒播育苗成败的重要因素之一。

(4) 撒播的植物种粒细小，故不宜在大风天气进行撒播。

【技能训练】

一、所需用品

铲子、灌溉设备等。

二、内容及步骤

(一) 中耕松土除草

1. 中耕

播种后出苗前,若遇土壤板结时,要及时耙糖,破除板结层,以利出苗。

2. 除草

出苗后要及时清除苗床内的杂草,避免杂草与幼苗争夺水分与养分。除草的方式有人工除草和化学除草两种。出苗后幼苗较弱时,采用人工除草的方式进行除草。

3. 松土

为避免土壤板结,透气透水性不好,影响幼苗的正常生长。人工除草同时要进行松土。三叶草苗期生长缓慢,易受杂草侵害。苗期应中耕松土除草 1~2 次。

(二) 灌溉

1. 灌溉次数

注意观察,发现土壤干燥应立即浇水。一天浇一次水或两天浇水一次,保持土壤湿润,有利于种子的萌发、生根。

2. 灌溉量

灌溉量不宜过大,每次浇水以水分在土壤入渗 5 cm 左右为宜。保持土壤湿润,但不积水。

3. 灌溉方式

(1) 喷灌:每天持续喷洒 10 min 左右,在水分土壤入渗 5 cm 即可。喷水的雾化程度要好。应避免水滴过大,对种子造成冲刷。

(2) 人工喷洒:人工用 PVC 软管洒水,应避免大水冲刷,不能将种子冲刷掉或冲走,影响出苗。

(三) 施肥

1. 施肥种类

在幼苗生长时期,可施氮磷复合肥,如磷酸二铵。

2. 施肥量

在苗期施肥量不宜过大,施肥原则是少量多次。撒施磷酸二铵,施肥量 15~20 g/m^2,施入后立即浇水。

(四) 草害防治

1. 危害症状

菟丝子种子很小，可由白三叶草种子携带，萌发生长后形成丝黄，寄生在白三叶草茎枝上，汲取其养分和水分，导致白三叶草养分缺乏、植株黄化、生长受阻，严重时造成死亡。

图 2-2-4　菟丝子危害状

2. 防治措施

（1）加强检疫，防止菟丝子随种子传播。

（2）人工刈割或拔除染病植株，关键应在菟丝子结实之前拔除或刈割，防止其蔓延。

（3）药剂防治，可喷施 1.5%～2% 二硝基邻甲苯酚和二硝基酚溶液防除。

 ## 任务二　德国鸢尾分株繁殖

【任务描述】

现拟建一个鸢尾花园，现需要将苗圃地里的德国鸢尾分株扩繁 10 000 株。要求苗木生长健壮，无病虫害，品种名称准确。根据德国鸢尾育特点和要求制订繁育计划，并按照计划实施德国鸢尾分株繁殖。

【任务目标】

1. 掌握分株繁殖的方法和流程。
2. 学会用分株的方法繁殖宿根花卉的技能。
3. 学会对分株苗进行初步养护管理的技能。
4. 培养学生吃苦耐劳、团结协作等精神。

【任务流程】

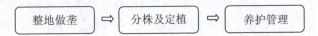

单元二　草坪建植与地被植物栽培

环节一：整地做垄

【知识学习】

一、德国鸢尾

德国鸢尾指的是垂瓣上具有须毛状附属物（髯毛）的一类鸢尾的统称。它是由鸢尾属德国鸢尾亚属德国鸢尾组的香根鸢尾（*Iris pallida*）、德国鸢尾（*I. germanica*）等近10个原种杂交获得，品种异常丰富，是目前温带地区广泛栽培的一类鸢尾。德国鸢尾花色丰富，花型奇特，是目前北方园林中应用非常普遍的一类宿根花卉，可建为专类花园，也可应用于花坛、花境等的布置中。

二、德国鸢尾繁殖特点

为了保证品种的优良性状，德国鸢尾采取分株等无性繁殖的方式进行繁殖。另外，德国鸢尾生长较快，萌蘖力较强，一般要求2年进行分株一次，不然植株过密，会造成通风不良，导致病虫害的发生。

三、土壤

德国鸢尾栽植地要求土质疏松，以砂壤土或轻壤土最好，若栽植地为较重潮湿的土壤，则必须要加入适量的粗砂和腐殖土进行土壤改良；栽培地段须排水良好，否则要考虑用高垄或高畦种植；德国鸢尾对土壤的pH值要求不严，在pH值为6~8的土壤上均可正常生长，但在中性至微碱性土壤（pH 7.0~7.2 范围）上生长最好。在酸性土壤中，可加入适量石灰粉将土壤调至中性；在碱性很强的土壤中，可加入适量的腐殖酸土将栽培土调至微碱性或中性。

四、整地

整地是指作物播种或移栽前进行的一系列土壤耕作措施的总称，其目的是创造良好的土壤耕层构造和表面状态，协调水分、养分、空气、热量等因素，提高土壤肥力，为播种和作物生长、田间管理提供良好条件。另外，整地还可将病菌、害虫暴露于空气中，通过紫外线的作用，减少病虫害的发生。整地必须在土壤干湿适度时进行，土壤过湿时整地会破坏土壤团粒结构，使土壤物理性质恶化而形成硬块；土壤过干时整地土块不易被击碎，从而造成劳动力的过度消耗。

在德国鸢尾分株繁殖中，整地应先翻起土壤，细碎土块，清除一切石块、瓦片、残根及杂草等,然后进行做垄。

五、做垄

做垄是指田地分界高起的埂子。德国鸢尾忌积水,因此要采取高垄种植。高垄种植浇水,是水经过沟内通过沟底和垄的侧面渗进土层的,垄上不过水。因此,垄面土壤不板结,能经常保持疏松状态,利于保墒、透气。浇水时流水不直接浸根及茎部,减轻了病菌传播机会。遇涝时,水能及时通过沟排走,减轻涝害。

【技能训练】

一、所需用品

挖掘机、铁锹、平耙、手推车、皮尺、细绳等。

二、方法及步骤

(一)清理障碍物

用铁锹、平耙等工具将栽植地现场的砖头、瓦块等障碍物装车运走。

(二)改土施肥

1. 换土

土质差的地段需要进行局部换土,换土要注意表层肥土及生土要分别放置,表土暂时放在一边,然后移去底土,换土后表土置于原地段的最上层,然后整平床面,稍加镇压。

2. 施基肥

为提高土壤的肥力,需适当施入有机肥或颗粒复合肥。一般有机肥施入量为 $4\sim5\ kg/m^2$,麻渣等为 $1.5\sim2\ kg/m^2$,复合肥一般以含磷量高的复合肥为宜,施过磷酸钙,施用量为 $15\sim20\ g/m^2$。结合整地翻土,与土壤搅拌均匀,翻入土中。

3. 土壤消毒

可采用一些广谱性杀菌剂,如多菌灵原粉 $8\sim10\ g/m^2$ 撒入土壤中进行消毒。

(三)翻松整地

1. 翻地

用挖掘机将土地翻耕一遍,并初步耙平,翻耕深度可达 40 cm。同时要打碎土块。

2. 垃圾清运

将翻耕出来的石块、植物残根、杂草等垃圾装在手推车里分别运到指定地点。

3. 做垄

(1) 划线：在场地两端分别量出 80 cm 间距，再用细绳在两端固定，然后用细砂或者白灰沿着细绳画出直线；

(2) 做垄：沿着所画出的直线从两边向中心翻土形成高垄，垄基部宽40 cm，高 30 cm。

注意事项：

(1) 正确使用工具，整地时注意安全，挖掘机要具有资质的人员才能使用。

(2) 垃圾要清理干净。

环节二：分株及定植

【知识学习】

一、分株繁殖

分株繁殖是植物营养繁殖的一种比较简便的方法，就是将植物的萌蘖枝、丛生枝、吸芽、匍匐枝等从母株上分割下来，另行栽植为独立新植株的方法，尤其适用于宿根花卉。分株繁殖成苗较快，成活率高，并能保持母体的优良性状，是鸢尾类植物最常用的繁殖方法。

二、分株时间

理论上德国鸢尾可在一年中的任何时候进行分株，但是为了保证第二年开花的质量及减少病虫害的发生，北京地区宜在 9 月进行。德国鸢尾为春季开花的植物，如果春天进行移栽，则会影响当年的开花；北京地区夏天炎热多雨，若此时移栽，病菌容易从分株的伤口处侵入，并且夏季高温高湿的环境也极易引起鸢尾腐烂病的发生。因此，在北京地区秋季为德国鸢尾分株的最佳时机，这时德国鸢尾的花芽已经形成，且在冬季来临之前有充分的时间把根扎入土中，从而安全越冬。

三、德国鸢尾浅植

在生长季节基本上都可进行移栽，但是最佳栽植时间应选在春季花后 1~2 周内或初秋根状茎再次由半休眠状态转至开始生长前进行。栽植时要适当浅植，根茎顶部与地面平；土壤肥力较好的圃地，可不必施用一般性农家肥。栽培时，最好施用骨粉或过磷酸钙作基肥。在整地前均匀翻入土中，用量每平方米约50g。

栽植株行距因植株高矮与冠幅大小而异，15～40 cm 或 20～60 cm 不等。

【技能训练】

一、所需用品

铁锹、枝剪、刀、储物筐、灌溉工具。

二、方法及步骤

（一）起苗

9月中、下旬，选择移栽2年以上的植株作为母株，用铁锹小心地将整个植株全部挖起，将泥土抖落（图2-2-5）。

图 2-2-5　起苗　　　　　　　　　　图 2-2-6　分株

（二）分株

1. 分株方法

找出根系部分自然分叉处，用手掰开或用刀切开，一般认为用手掰开更好。分株不宜分得过小，每丛至少带2～3个芽和根系，有利于分栽苗的成活（图2-2-6）。

2. 保存方法

分株后的植株用储物筐装好，并标明品种名称。分株后的植株不用马上移栽，可在避光、通风、干燥处放置1周左右。

（三）消毒

分株时鸢尾根部有伤口产生，因此在栽植前要必须消毒处理，否则病菌容易从伤口侵入，从而导致病害的发生（图2-2-7、图2-2-8）。

（1）配制800倍多菌灵溶液，盛装在大塑料桶内。

（2）将要定植的植株根部在溶液中浸泡约5 s迅速取出。

单元二　草坪建植与地被植物栽培

图 2-2-7 消毒处理

图 2-2-8 消毒后静置

(四)定植

(1)剪去部分须根和 2/3 的叶片。

(2)按照品种将消毒好的德国鸢尾定植在已经做好的高垄两侧,为充分利用空间,垄两侧栽植时交错进行,不要并排。株距保持在 30～60 cm。覆土深度视土壤情况而定,如果是排水较好的砂壤土,可为 1～2 cm,如果是排水不太良好的土壤,则可将鸢尾的根茎露出土面一小部分。德国鸢尾忌积水,栽植时埋土一定不能太深(图 2-2-9)。

图 2-2-9 定植

(3)按照各品种栽植位置,画好定植图。

(五)注意事项

(1)分株的时候注意不要把芽掰断了,也不要损伤根系,如有烂根烂叶,则要用剪刀剪去。

(2)起出和分好的苗不宜在烈日下暴晒,应该随起随栽随浇水。

环节三:养护管理

【知识学习】

经过细心养护,第 2 年应形成 1 个带 6～8 朵花的花序,每朵花在自然状态下的寿命为 3～4 d。花期约可持续 1 个月。

一、栽后浇水

德国鸢尾秋季分株后主要的养护工作就是浇水和冬季防寒的准备。鸢尾栽后浇水要"见干见湿，不干不浇，浇则浇透"。

二、浇封冻水

11月上、中旬，北京气温慢慢降低到冰点温度，为了防止冻害，保证分株苗的成活，则应浇封冻水。封冻水就是临冰冻前起密封作用的水。因为水的热容量较大，可避免地温的剧烈变化，因此，适时浇封冻水可以增加土壤墒情，防止干旱，还能稳定地温，减轻冻害的发生。浇封冻水的最佳时间是温度降到"夜冻日消"的时候，也就是指水在夜间或凌晨结冰，日出后又可以解冻的时候，北京地区为11月上、中旬。

【技能训练】

一、所需用品

塑料水管、钳子、铁丝。

二、方法及步骤

(一)浇水

1. 德国鸢尾定植完成后，须马上浇一遍透水，且在1周内浇够3遍透水。
2. 在11月中旬时对分株的德国鸢尾浇封冻水，封冻水一定要浇透。浇过一遍水后，等水完全渗进土壤后再浇灌一遍，以保证浇透。

注意事项：

浇水时水流不能太急，否则易将植株根际土壤冲走。

(二)扶植

浇过一遍水后，要进行扶植。

(三)中耕除草

栽后浇够3遍透水后，要进行浅中耕，使土壤通气良好。同时人工挖除杂草。

(四)病虫害防治

1. 细菌性软腐病的防治

软腐病可以在移栽后或新鸢尾苗上很快发生，也可在成丛移栽的植株上发生。

(1)土壤消毒：病害严重的土壤可用0.5%~1%福尔马林10 g/m^{2}进行消毒后再种植，或更换新土后种植；

（2）发病初期可用 100～150 倍农用链霉素进行喷洒，连喷 2～3 次，效果较好。

2. 注意防止蛀虫的危害

注意蛀虫危害，及时防治。

任务三　八宝景天扦插繁殖

【任务描述】

要求学生采用嫩枝扦插繁殖八宝景天。植株要求生长健壮，无病虫害。出圃规格为株高 10 cm 左右，冠幅 20 cm 左右。根据八宝景天繁育过程和要求制订繁育计划，根据此计划实施扦插繁殖八宝景天过程。

【任务目标】

1. 掌握嫩枝扦插育苗的方法和流程。
2. 学会用嫩枝扦插育苗栽植地被植物的技能。
3. 学会对嫩枝扦插苗进行养护管理的技能。
4. 培养学生吃苦耐劳、团结协作等精神。

【任务流程】

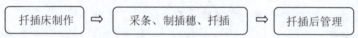

环节一：扦插床制作

【知识学习】

一、八宝景天生态习性

八宝景天多年生肉质草本植物，株高 30～50 cm。花淡粉红色，常见栽培的尚有白色、紫红色、玫红色品种，花期 7～10 月。植株强健，管理粗放，耐贫瘠和干旱，忌雨涝积水。是布置花坛、花境，或成片栽植和点缀草坪、岩石园的优良地被植物。

二、八宝景天繁殖特点

主要有分株和扦插繁殖，一般采用扦插繁殖，该品种极易成活。

三、地被植物育苗方法

地被植物育苗有两种方法，即播种法和营养体繁殖法。播种法是用种子播种育苗的方法。而营养体繁殖法则是用地被植物的营养体(根、茎、叶)采用扦插、分株、压条或组织培养等方法育苗。可以大田培育，也可容器培育。

四、扦插繁殖

扦插繁殖是取植株营养器官的一部分，插入疏松湿润的土壤或细沙中，利用其再生能力，使之生根抽枝，成为新植株。

五、扦插繁殖的分类

按取用器官的不同，又有茎(枝)插、叶插、根插和芽插等育苗方法。

(一)茎(枝)插法

茎(枝)插是植物扦插中使用最多的方法，根据枝茎成熟程度与扦插季节分为休眠枝硬枝扦插和生长枝嫩枝扦插。

1. 硬枝扦插

此法多用于木本类地被植物。通常是选幼龄母株一年生健壮的营养枝为种条，种条采集的时期为秋季落叶后至早春芽萌动前的休眠期。一般枝条长 10~20 cm；插穗切口要平滑，上端在芽上方 1~2 cm 处，下端在芽的下方，下部切口为平口，直插和斜插，插入的深度为接穗的 1/3~1/2(图 2-2-10)。扦插前要对土壤或基质进行消毒，将插穗插入土内以后，应对插穗周围的土壤进行镇压，然后立即进行浇水，使土壤与插穗基部密接，插后前几天要注意浇水，此后保持土壤湿润即可。

图 2-2-10　硬枝扦插育苗

2. 嫩枝扦插

大多数地被植物都适宜利用幼嫩枝茎扦插。草本地被植物插穗稍短，约 5~10 cm，木本类地被植物插穗长约 10~15 cm，保留叶片 1~2 枚，大叶片的可剪去部分，以减少蒸发；枝条顶梢由于过嫩，不易成活，通常去掉。切口剪切方法同硬枝扦插(图 2-2-11)。多汁液植物应切口干燥后扦插，以防染病腐烂。嫩枝扦插多在 5~8 月进行，秋季也可进行。一般采用全光照自动间歇喷雾设施或荫棚、塑料小拱棚保护地设施。由于夏季温度高，蒸腾作用快，因此要保持适宜的温度、湿度，同时要注意通风及遮阴。对于难生根的植物，扦插前用 50~200 mg/L ABT 生根粉浸蘸插穗基部，10~30 min，以促进细胞分裂，达到快速生根的目的，提高扦插成活率。

图 2-2-11　嫩枝扦插

(二) 根插法

木本类地被植物如凌霄、迎春等可用根插；草本地被植物如福禄考、玉竹、薯草、牛舌草、肥皂花、剪秋罗、薄荷、宿根霞草、荷包牡丹、风铃草、补血草等均可用根插繁殖。可在晚秋采根后进行沙藏，翌年早春再行扦插。也可春季采根后直接扦插。一般选取又粗又长的根系，截成直径大约 2 mm、长度 3~15 cm 不等的插穗，垂直插入湿润、平整、肥沃的沙质土壤中，上端稍露出土面，待生出不定芽时移植即成新株。若条件适宜，10 d 左右即可生芽，生长成新植株。

图 2-2-12　叶插

(三) 叶插法

凡能进行叶插的地被植物，大都具有粗壮的叶柄、叶脉和肥厚的叶片，如景天类。在给予适宜的温度和湿度条件下，选取发育充实的叶片在设备良好的繁殖床内进行叶插，繁殖效果良好。叶插法适用于草本和观叶地被植物，按萌芽的不同部位分为全叶插、片叶插。全叶插是用完整的叶片作为插穗。片叶插是将叶片分成数块，分别进行扦插，每块叶形成不定芽并生长根系。

【技能训练】

一、所需用品

扦插床、铁锹、刮平工具、手推车、喷壶等。

二、内容及步骤

(一)扦插床的准备

扦插的插床可因地制宜,各种盆、木箱、塑料箱、鱼缸等都可以。该类容器作插床时下部都要垫放排水物,底部有孔或裂缝排水的可少放一些。

(二)基质的准备

常用的有河沙、蛭石、珍珠岩、素砂土、砻糠灰和锯末等。无论哪种基质都应干净、颗粒均匀、中等大小,插床内基质一般不要铺得太厚,否则不利于基质温度提高,影响生根。

(三)基质铺设

扦插床底部垫放排水物后,先填一层颗粒较粗的培养土,中间放一层较细的培养土,最上面铺一层河沙。植株浅埋在沙层里,生根后可以很快伸展到下面培养土中吸取养分。

(四)基质消毒

扦插前一天,基质用0.1%~0.5%高锰酸钾消毒后待用。

(五)浇水

基质铺设好后,用喷壶给基质喷水,要把基质浇透,使基质含水量充足。

环节二:采条、制插穗、扦插

【知识学习】

一、嫩枝扦插

嫩枝扦插一般于5月中旬至8月上旬进行。扦插最佳温度为21~25℃,避开雨季,扦插成活率更高。如水分过大,易引发根腐烂和病害,成活率大大降低。

二、硬枝扦插

硬枝扦插于秋末冬初10~11月进行。经过秋季较低温环境,枝条的木质化发育程度较好,有利于生根。

【技能训练】

一、所需用品

修枝剪、八宝景天母株、喷灌设备或喷壶等。

二、内容及步骤

(一)扦插时间

八宝景天是肉质枝叶,可于5~6月进行八宝景天嫩枝扦插。避开雨季。防治根系腐烂,减少病虫害侵染。

(二)采条

选长势良好无病虫害的母株,选取当年生长健壮,无病虫害的茎段,去掉基部1/3的叶片,在阴凉处蓄枝1~2 d,使其充分积累营养(图2-2-13)。

(三)制作插穗

将八宝景天茎段剪成5~10 cm长,顶端留1~2个叶片。剪除其余的叶片。以减少叶片水分蒸腾(图2-2-14)。

(a)　　　　　　　　(b)

图2-2-13　采条　　　　　　　图2-2-14　插穗制作

(四)扦插

先用小木棍在事先平整好的扦插床中以株距5 cm、行距10 cm插出小孔(图2-2-15),将制作好的插穗插入小孔中,地上留2~3个芽,露出地面的部分以长4~5 cm为宜(图2-2-16)。扦插完后及时喷雾浇水(图2-2-17)。

三、注意事项

(1)穗条采集时选长势良好无病虫害的母株枝条,去掉基部1/3的叶片。

(2)扦插时要斜着插入扦插床中,不要垂直插入。

图 2-2-15　插孔　　　　　图 2-2-16　扦插　　　　　图 2-2-17　扦插后洒水

环节三：扦插苗管理

【知识学习】

一、遮阴

扦插后需要遮阴，减少叶片蒸腾作用。

二、去除遮阴物

当扦插苗生根后，可逐渐去除一些遮阴物，使扦插苗增大光照强度，促进扦插苗生长。

三、浇水

扦插苗浇水可采用喷灌或喷壶洒水的方法浇水。避免大水漫灌，防止将扦插枝条冲倒。

【技能训练】

一、喷水

扦插枝条生根前要天天喷水，保持湿润。生根成活后，缓苗期每周浇 1 次水，经常保持土壤湿润即可，不能积水。

二、遮阴

用遮阳网遮阴，直至长好新根，才可以撤掉遮阳网。

三、除草

采用人工除草的方式及时清除扦插床内的杂草，避免杂草与幼苗争夺水分与养分。

四、完成扦插育苗日志记录

记录当天完成工作的情况，是育苗技术档案的重要组成部分。

表 2-2-1 扦插育苗日志记录表

地被植物：

育苗面积：				苗龄：		前茬：			
扦插繁殖	插条来源		扦插方法		成活率				
	贮藏方法		扦插密度						
整地	做床日期		苗床基质		消毒方法				
施肥		施肥日期	肥料种类	施肥量					
	基肥								
	追肥								
灌溉	次数		日期						
中耕	次数		日期		深度				
病虫害	项目	名称	发生日期	防治日期	药剂种类	浓度	方法	效果	
	病害								
	虫害								

项目三 地被植物栽培

目前园林绿化为达到快速成景效果，采用育苗移植方法栽培地被植物。在苗圃用种子播种先培育成幼苗，或用植物营养体采用分株、分球、扦插、压条等繁殖方法培育成幼株，然后将大批量的幼苗(幼株)附带营养基质或裸根进行大面积移栽。本项目按照地被植物移栽的方法，设置了任务一涝峪薹草裸根苗栽培，任务二落新妇容器苗栽培两个任务。

任务一 涝峪薹草裸根苗栽培

【任务描述】

要求学生完成裸根苗栽植涝峪薹草的任务。根据裸根苗栽植过程和要求制订涝峪薹草栽植计划，根据此计划实施裸根苗栽植涝峪薹草过程。

【任务目标】

1. 掌握裸根苗栽植涝峪薹草的方法和流程。
2. 掌握用裸根苗栽植地被植物的技能。
3. 学会裸根苗栽植后进行养护管理的技能。
4. 培养学生吃苦耐劳、团结协作等精神。

【任务流程】

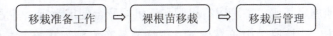

环节一：移栽准备工作

【知识学习】

一、涝峪薹草生态习性

涝峪薹草耐阴能力极强，且具有较强的适应性，耐寒、耐热、耐瘠薄，绿期长，既可作为城市立交桥下、建筑物背阴面、林下绿化的地被植物，也可作为全光条件及护坡绿化的地被植物，是我国北方地区城乡绿化优良的耐阴地被植物。

二、涝峪薹草繁殖特性

涝峪薹草繁殖以种子繁殖和分株育苗为主。

三、涝峪薹草栽培技术

根据涝峪薹草栽培技术规程(DB11T 771—2010)要求栽植。

【技能训练】

一、所需用品

铁锹、镐、平耙、除草剂、肥料、手推车等。

二、内容及步骤

(一) 整地

1. 翻耕

用铁锹和尖镐等翻耕土壤,平地深度为 30 cm 以上,坡地种植层深度不低于 15 cm。同时打碎土块。注意去除土壤中的杂草根、砖瓦、石头、建筑垃圾等杂物。种植地要求疏松肥沃,土块细碎,无杂草,墒情好。

2. 平整

平整场地时,要考虑建成后的地形排水。平地要求场地中心比较高,四周逐步向外倾斜。通常形成 2°~3° 的排水坡度,最大不宜超过 5°。低洼地应设置排水设施。坡地宜种植于坡度不大于 45° 的坡体上;坡度若达到 30° 以上坡面种植时,应挖鱼鳞坑种植。

(二) 施基肥

结合整地施足基肥。基肥以有机肥和无机肥配合使用为宜。基肥用量视土壤肥力状况而定。土壤肥力中等及偏下,可施腐熟有机肥为 $0.75 \sim 1.5 \ kg/m^2$ 和氮肥 $0.5 \sim 1 \ g/m^2$ 或氮磷复合肥磷酸二铵 $15 \sim 20 \ g/m^2$。结合整地翻土,与土壤搅拌均匀,翻入土中,以提高土壤肥力。

(三) 化学除草

栽种前杂草较多的地块,用灭生性除草剂草甘膦、百草枯等除草。除草剂施入后需深翻耕和耙平作业。15~25 d 后才能栽种。

环节二：裸根苗移栽

【知识学习】

一、裸根苗

裸根苗是根系裸露在外，没有泥土等其他附着的苗木。它重量小，起苗易，栽工省，包装，运输，储藏，都比较方便。裸根栽植的关键在于保护好根系的完整性，骨干根不可太长，侧根、须根尽量多带。从掘苗到栽植期间，务必保持根部湿润、防止根系失水干枯。为提高移栽成活率，运输过程中，可采用湿草覆盖的措施，以防根系风干。

二、涝峪薹草裸根苗的要求

根系发达，生长健壮，色泽正常，无病虫害。2月下旬至3月中旬的种苗，株高不低10 cm。6~8月的种苗，株高不低于15 cm。9~10月上旬的种苗，株高以15~25 cm为宜。

【技能训练】

一、所需用品

铁锹、平耙、手推车、测绳、浇水工具等。

二、内容及步骤

(一) 种苗准备

6月选择涝峪薹草根系发达，生长健壮，色泽正常，无病虫害的种苗，株高不低于15 cm。

(二) 栽植方法

涝峪薹草裸根苗栽植。

(三) 栽植

每穴3~5株，株行距15 cm×1 cm，每穴6~8株，株行距20 cm×20 cm，品字形栽植。栽植深度应完全覆盖根系。使根系与土壤紧密接触。均匀覆土，镇压。及时浇透水。水充分渗入土壤后，再覆平土面。

环节三：移栽后管理

【知识学习】

一、病虫害防治原则

病虫害防治原则应坚持"预防为主，科学防控，依法治理，综合防治"的方针。优先采用生物防治、物理防治，科学使用化学防治。使用化学农药时，应执行《农药合理使用准则（四）》(GB/T 8321.4—2006)。

二、涝峪薹草修剪原则

(1) 早春返青前宜修剪，剪掉地上枯黄部分。

(2) 生长季不宜修剪，必要时在7月下旬修剪1次。留茬高度是原株高的2/3。

(3) 开花结实期和结实后的休眠期不宜修剪。

【技能训练】

一、所需用品

肥料、农药、铁锹、剪草机、灌溉设备、喷雾器等。

二、内容及步骤

(一) 灌溉

栽后立即灌一次透水，以后据土壤墒情和气候适时灌溉。

(二) 追肥

1. 追肥时间和施肥量

已建成坪的涝峪薹草，当年可追施一次复混肥，也可隔年再施。使用复混肥，氮磷钾比例以3:1:2为宜。氮磷钾总含量为25%时，用量20~25 g/m^2。

2. 施肥方法

施肥可以在修建后进行，采用撒施方法。

3. 注意事项

施肥后及时灌溉，并将叶苗截留肥料冲洗掉。

(三) 修剪

栽植当年可以不用修剪。必要时在7月下旬修剪一次。留茬高度是原株高的2/3。

(四)除杂草

以人工除草为主。

(五)病虫害防治

1. 蛴螬等地下害虫防治

50%辛硫磷乳液500倍液灌根。

2. 锈病防治

宜使用三唑类杀菌剂,25%三唑酮可湿性粉剂2000倍液喷洒,每5~7d喷洒1次,连续3次。

任务二　落新妇容器苗栽培

【任务描述】

要求学生采用容器育苗移栽落新妇。根据容器育苗栽植过程和要求制订栽植计划,根据此计划实施落新妇栽植过程。

【任务目标】

1. 掌握地被植物容器苗移栽的方法和流程。
2. 掌握用容器苗移栽地被植物的技能。
3. 学会对容器苗进行养护管理的技能。
4. 培养学生吃苦耐劳、团结协作等精神。

【任务流程】

环节一：栽植准备工作

【知识学习】

一、落新妇生态习性

落新妇多年生草本植物,高50~100 cm,原生于山坡林下阴湿地或林缘路旁草丛中。喜半阴,在湿润的环境下生长良好。性强健,耐寒,对土壤适应性较强,适宜种植在疏林下及林缘墙垣半阴处,也可植于溪边和湖畔。也可作花坛和花境。矮生类型可布置岩石园。

单元二　草坪建植与地被植物栽培　■　95

二、容器苗

容器苗是指用特定容器培育的幼苗。容器盛有养分丰富的培养土等基质，常在塑料大棚、温室等保护设施中进行育苗，可使苗的生长发育获得较佳的营养和环境条件。苗随根际土团栽种，起苗和栽种过程中根系受损伤少，成活率高、发根快、生长旺盛，该法还为机械化、自动化操作的工厂化育苗提供了便利。

三、育苗容器

育苗容器有两类：一类具外壁，内盛培养基质，如各种育苗钵、育苗盘、育苗箱等；另一类无外壁，将腐熟厩肥或泥炭加园土，并混少量化肥压制成钵状或块状，供育苗用。

【技能训练】

一、所需用品

尖锹、镐、平耙、手推车、浇水工具等。

二、内容及步骤

(一) 整地

1. 翻耕

用铁锹和尖镐等翻耕土壤，深度一般为 30～40 cm，同时要打碎土块，清除大石块、树桩、树根、瓦砾、碎玻璃、混凝土残渣等障碍物，还要注意去除土壤中的杂草根。

2. 平整场地

平整场地的时候要考虑建成后的地形排水，一般要求场地中心比较高，四周逐步向外倾斜。通常形成 2°～3°的排水坡度，最大不宜超过 5°。

(二) 施基肥

需适当施入腐熟的有机肥料或氮磷复合肥。有机肥施入量为 4～5 kg/m^2，麻渣等为 1.5～2 kg/m^2，氮磷复合肥可施用磷酸二铵，施用量为 15～20 g/m^2。结合整地翻土，与土壤搅拌均匀，翻入土中，以提高土壤肥力。

(三) 土壤消毒

可采用广谱性杀菌剂，如多菌灵 8～10 g/m^2 撒入土壤中进行消毒。洒后用塑料薄膜覆盖 5 d，揭开晾晒 5～7 d 后即可种植。

环节二：容器苗移栽

【知识学习】

容器苗栽植方法有沟植、孔植或穴植。

一、沟植

定植时将土球直接放入挖好的沟，挖的沟要大于种苗所带土坨的尺寸，填土到一半时将种苗稍向上提一提，使土球与土壤紧密结合，种植深度稍高于土球高度即可，压土时在植株的四周按压且用力要均匀，不要用力按压种苗的基部，以免压伤。

二、穴植

按照 30 cm×30 cm 株行距挖穴，挖好穴，将苗木放入中心，扶植。用小铲子将树穴周围的土壤填入穴中，填一半土时要提根，使根系舒展。再继续填土，按实土壤，使根系与土壤紧密接触。

【技能训练】

一、所需用品

铁锹、小铲子、剪刀、灌溉工具等。

二、方法及内容

(一) 栽植时间

容器苗栽植一般不受时间限制，但为满足当年景观效果，落新妇栽植宜在春季 4~5 月进行。

(二) 定点放样

按设计图纸直接进行定点放样，放样尺寸应准确，并用白线或灰线标明。

(三) 栽植

1. 脱盆

栽植前轻轻将种苗从容器脱离出来，尽量保持土坨完整（图 2-3-1）。为保持水分平衡，避免植株萎蔫，脱盆后可适当摘除部分叶片，或剪去干枯枝条、残花等以减少蒸腾。

图 2-3-1 容器苗

图 2-3-2 沟植

2. 栽植

将从容器中脱离出来的种苗按放好的样种植于绿地内，根据地形特点可沟植、孔植或穴植。株行距一般为 30 cm×30 cm。

定植时将土球直接放入挖好的沟或穴内（图 2-3-2），挖的沟或穴要大于种苗所带土坨的尺寸，填土到一半时将种苗稍向上提一提，使土球与土壤紧密结合，种植深度稍高于土球高度即可，压土时在植株的四周按压且用力要均匀，不要用力按压种苗的基部，以免压伤。容器苗栽植过程见图 2-3-3。

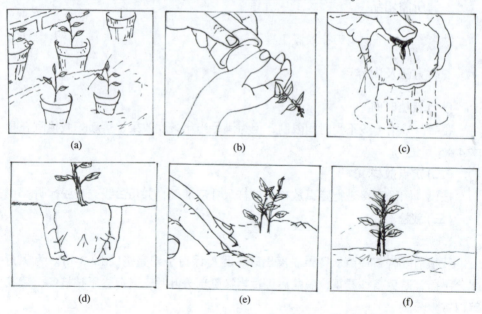
图 2-3-3 容器苗栽植过程

(四)注意事项

1. 脱盆时要注意轻拿轻放，尽量保持土坨完整。
2. 脱盆后可适当摘除植株部分叶片，或剪去枯枝残花等。

环节三：移栽后管理

【知识学习】

一、根外追肥

将速效性肥料的水溶液直接喷洒苗木叶片上，使肥分通过叶片气孔或叶面角质层逐渐渗入叶片内部，以供苗木之需。浓度一般在 0.2%~0.5%。

二、灌水的作用

苗木移植时，切断了一部分毛细根系，是苗木吸水能力降低；再则移植时期为春季，气温回升迅速，土壤蒸发量加大。为保证苗木移植的成活率应及时补充水分。

三、灌水时间

以早、晚大气湿润或阴天时为宜。

四、排水

雨季气温较高，苗木处于旺盛生长期，苗木根系呼吸旺盛。如果不及时排水，造成根系呼吸困难，严重时造成烂根，致使苗木死亡。因此，雨季要及时排水。

【技能训练】

一、所需用品

铁锹、小铲子、灌溉工具等。

二、方法及内容

(一)浇水

栽植后要浇一次定植水，水要浇透。栽后 10 d 内连浇三遍水，第一遍水后扶植。

(二)松土

栽植后的生长前期,要多次松土除草,增强土壤的透气性。

(三)摘心

小容器苗栽植后一般需进行两次摘心,以促使萌发更多的开花枝条。第一次是缓苗后,把顶梢摘掉,保留下部的3~4片叶,促使分枝;在第一次摘心3~5周后,或当侧枝长到6~8 cm长时,进行第二次摘心,即把侧枝的顶梢摘掉,保留侧枝下面的4片叶。进行两次摘心后,株型会更加理想,开花数量也多。

(四)根外追肥

将浓度为0.3%~0.5%磷酸二氢钾水溶液喷洒叶片上,通过叶片逐渐渗入叶片内部,促进落新妇根系和新枝的发育。

(五)病虫害防治

在生长过程中,需注意病虫害防治,特别是白粉病、蚜虫、蛴螬等,应结合病情进行适当药物防治。

附表一：

播种苗生产日志记录表

地被植物： 苗龄： 施业面积： 净面积： 前茬：

作业方式	土壤耕作				种子情况								
	耕作时间	耙地时间	压地时间	做床(垄)时间	产地	采集(调入)时间	净度(%)	千粒重(g)	发芽率(%)	消毒方法	催芽处理方法	催芽处理起止日期	种子播种状态

播种前土壤消毒			播种作业					施肥					
								基肥			追肥		
方法	时间	药名	用量(m²)	时间	方法	播种量	床面落种数(m²)	覆土(沙)厚度	覆盖物类型	种类	用量	容器育苗基质配比	时间	种类	用量

灌溉				间苗								松土除草	
				第一次		第二次		第三次		第四次		人工除草	机械除草
方式	灌溉量	次数	最后一次时间	时间	留苗密度	时间	留苗密度	时间	留苗密度	时间	留苗密度	次数/年	次数/年

病虫害防治						起苗假植					苗木质量		
病虫、灾害类型	时间	药剂名称	用量(kg/hm²)	浓度	效果	起苗			假植		总产	平均单产	
						时间	工具	伤苗率	方法	时间	Ⅰ级	Ⅱ级	Ⅰ、Ⅱ级%

附表二：
扦插育苗技术措施日志记录表

地被植物：

	育苗面积：		苗龄：			前茬：		
扦插繁殖	插条来源/贮藏方法		扦插方法		成活率			
			扦插密度					
整地	做床日期		苗床基质		消毒方法			
施肥		施肥日期	肥料种类	施肥量				
	基肥							
	追肥							
灌溉	次数		日期					
中耕	次数		日期		深度			
病虫害		名称	发生日期	防治日期	药剂种类	浓度	方法	效果
	病害							
	虫害							

单元小结

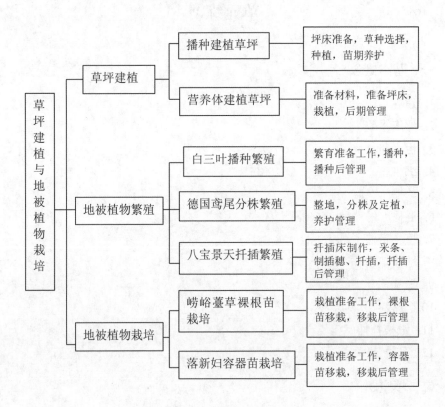

单元考核与练习

单元练习

一、基本概念

1. 建坪
2. 坪床平整
3. 粗平整
4. 细平整
5. 单播
6. 混播
7. 植生带法
8. 地被植物
9. 撒播
10. 分栽
11. 嫩枝扦插
12. 容器苗

二、填空题

1. 草坪建植包括_____、_____、_____、_____四个步骤。
2. 依据草种组成分类，草种组合有_____、_____、_____三种。
3. 根据动力类型，将播种机分为_____、_____、_____三种类型。
4. _____、_____是营养体繁殖草坪的常见方法。
5. 地被植物栽植分_____、_____两种方法。
6. 种子处理的方法有_____、_____、_____。
7. 地被植物种子繁育方法有_____、_____、_____、_____。
8. 平整场地时候还要考虑建成后的地形排水，一般要求场地中心比较高，四周逐步向外倾斜。通常形成的排水坡度_____，最大不宜超过_____。
9. 基质常用的有_____、_____、_____、_____、

_____。

三、选择题

1. 草坪建植草种组合方式中，单播是指（　　）。
   A. 由一个草种的两个或两个以上品种建成的草坪
   B. 由一个草种的多个品种建成的草坪
   C. 由两个或两个以上草种建成的草坪
   D. 由一个草种的某一个品种建成的草坪

2. 草坪建植草种组合方式中，混播是指（　　）。
   A. 由一个草种的两个或两个以上品种建成的草坪
   B. 由一个草种的多个品种建成的草坪
   C. 由两个或两个以上草种建成的草坪
   D. 由一个草种的某一个品种建成的草坪

3. 草坪建植草种组合方式中，混合是指（　　）。
   A. 由一个草种的两个或两个以上品种建成的草坪
   B. 由一个草种的多个品种建成的草坪
   C. 由两个或两个以上草种建成的草坪
   D. 由一个草种的某一个品种建成的草坪

4. 下列属于单播的优点的是（　　）。
   A. 保证了草坪最高的纯度和一致性，可造就最美、最均一的草坪外观。
   B. 由于遗传特性较为单一，因此对环境的适应能力较差，要求养护管理的水平也较高。
   C. 有较丰富的遗传特性，较能抵御外界不稳定的气候环境和病虫害多发的草坪场合，同时也具有较为一致的草坪外观。
   D. 使草坪有较广泛的遗传特性，因而草坪对外界具有更强的适应能力。

5. 建群种是永久性品种，能够体现草坪的功能和适应能力，通常在草坪群落中的比重为（　　）以上，又称基本种。
   A. 30%　　　　　B. 40%　　　　　C. 50%　　　　　D. 60%

6. 苗期，杂草会是影响成坪的最大问题，若幼坪中出现杂草时应及时（　　）。
   A. 用选择性除草剂　　　　　B. 人工拔除
   C. 重新建植　　　　　　　　D. 用非选择性除草剂

7. 铺植第一行草皮，从场地边缘开始铺，草皮块之间保留(　　)cm左右的间隙，防止草皮块在搬运途中干缩，浇水浸泡后，边缘出现膨大而凸起。

　　A. 1　　　　　　B. 2　　　　　　C. 3　　　　　　D. 4

8. 容器苗栽植后一般需进行(　　)摘心。

　　A. 一次　　　　　B. 两次　　　　　C. 三次　　　　　D. 四次

9. 容器苗栽后10 d内连浇(　　)。

　　A. 一遍水　　　　B. 两遍水　　　　C. 三遍水　　　　D. 四遍水

10. 一般播种深度以不超过种子长径的(　　)为准。

　　A. 3倍　　　　　B. 4倍　　　　　C. 5倍　　　　　D. 5倍以上

11. 制作八宝景天插穗时，将茎段剪成5~10cm长，顶端留(　　)个叶片。

　　A. 1~2个　　　　B. 3~4个　　　　C. 多个　　　　　D. 全部叶片

12. 翻耕土壤的深度至少为(　　)。

　　A. 10~20 cm　　　B. 20~30 cm　　　C. 30~40 cm　　　D. 40~60 cm

四、思考题

1. 草坪建植前选择种子应该遵循什么样的原则？

2. 请简述坪床准备方法。

3. 撒播种子应注意哪些问题？

4. 幼坪管理保护哪些管理措施？应该怎么做？

5. 请列出起草皮的步骤与注意要点。

6. 草皮铺植的方法。

7. 请简述直栽法建植结缕草草坪的操作步骤。

8. 播种繁殖有何特点？

9. 嫩枝扦插采条的原则是什么？

10. 为什么进行种子处理？有哪几种方法？

11. 播种的方法有哪些？

12. 移栽方法有哪些？

技能考核

一、考核评分

草坪建植过程考核评分表

	准备坪床	草种选择	播种	覆土
分值	25	25	25	25
实际得分				
总分				

二、考核内容及评分标准

1. 准备坪床(25分)

(1) 能够熟练使用镐头、尖锹、平耙等工具；翻地深度符合要求；坪床平整度符合要求。(20~25分)

(2) 能够较熟练使用镐头、尖锹、平耙等工具；翻地深度符合要求；坪床比较平整，符合要求。(15~19分)

(3) 能够使用镐头、尖锹、平耙等工具，但不熟练；能制作坪床，但不熟练；坪床平整度基本符合要求。(10~14分)

(4) 不会使用镐头、尖锹、平耙等工具；翻地深度不符合要求；坪床平整度不符合要求。(9分以下)

2. 草种选择(25分)

(1) 能够依据草种选择原则，选择和搭配合理草种。(20~25分)

(2) 能够依据草种选择原则，选择和搭配较合理草种。(15~19分)

(3) 能够选择和搭配草种，但不知道草种选择原则。(10~14分)

(4) 不知道草种选择原则，不会选择和搭配草种。(9分以下)

3. 播种(25分)

(1) 播种动作熟练，速度快，撒播种子均匀，种子无外撒现象。(20~25分)

(2) 播种动作较熟练，速度适中，撒播种子均匀，种子无外撒现象。(15~19分)

(3) 播种动作较熟练，速度适中，撒播种子不均匀，种子有少量外撒现象。

(10~14分)

(4)播种动作不熟练,速度慢,撒播种子不均匀,种子有严重外撒现象。(9分以下)

4. 覆土(25分)

(1)覆土均匀,种子无外露现象,镇压平整均匀。(20~25分)

(2)覆土均匀,种子有个别外露现象,镇压平整均匀。(15~19分)

(3)覆土较均匀,种子有外露现象,镇压较平整均匀。(10~14分)

(4)覆土不均匀,种子有严重外露现象,镇压不平整均匀。(9分以下)

单元三
草坪与地被植物养护

单元介绍

本单元包含草坪与地被植物两部分的养护管理内容。草坪的常规养护管理是草坪正常生长和可持续利用的重要保证。根据草坪草特征、生长规律及应用要求，对草坪进行有计划的常规养护管理是十分必要的。草坪常规养护管理的内容主要包括浇水、修剪、施肥、病虫害防治等常规管理措施，除此之外还要适时对草坪进行打孔、疏草、滚压等辅助管理措施。而园林地被植物大多生长低矮、扩展性强，它们比草坪应用更为灵活，在不良土壤、树荫浓密以及黄土暴露的地方，可以代替草坪生长。地被植物养护管理内容同样也以浇水、修剪、施肥、病虫害防治为主。

单元中分三个项目分别为草坪常规养护管理、草坪辅助养护管理及地被植物养护，每个项目中设置3~5个任务，通过完成不同任务了解养护管理的过程与技术要点。

单元目标

通过本单元的学习，学生需要了解草坪修剪的功能，掌握草坪修剪的原则；掌握草坪修剪的时间、频率、高度及修剪方向；了解草坪修剪的质量，能够对草屑进行处理；掌握草坪浇水的次数、时间和浇水量。了解草坪常用肥料种类及作用。掌握草坪常用施肥方法；掌握草坪常见病虫害防治方法。掌握草坪打孔、疏草、滚压的作用，掌握操作方法；了解地被植物涝峪薹草、麦冬、萱草、玉簪、德国鸢尾的养护管理基本知识；掌握常见地被植物养护管理程序和方法。在完成任务过程中使学生具备安全生产、规范操作的职业素养；具备吃苦和求实精神；具备保护环境意识。

项目一　草坪常规养护管理

　　草坪的常规养护管理是草坪正常生长和可持续利用的重要保证。为使草坪保持青翠茂盛、绵软如茵，根据草坪草特征、生长规律及应用要求，对草坪进行有计划的常规养护管理是十分必要的。草坪常规养护管理的内容主要包括浇水、修剪、施肥、病虫害防治等管理措施。

　　本项目的侧重点为掌握浇水、修剪、施肥、病虫害防治的操作技术。

任务一　草坪（冷季型）浇水

【任务描述】

　　校园绿地草坪需要周年养护，请学生确定校园绿地中草坪草种类，并观测其生长状况，按照校园草坪条件制订草坪浇水的周年计划，按计划给当季草坪浇水。

【任务目标】

1. 了解草坪浇水的作用及质量要求。
2. 掌握草坪浇水的次数、时间和浇水量。
3. 能够独立制订浇水计划，并能正确操作实施。

【任务流程】

环节一：制订周年浇水计划

【知识学习】

一、浇水的作用

　　（1）能弥补大气降水在数量上的不足和时间空间分布上的不均匀，及时解除草坪因缺水出现的旱情，促进草坪草正常生长发育。一般来说，浇水能提高茎叶的韧度，使草的茎叶经受住人们践踏。

(2)在草坪追肥施药后及时补水,一方面可以促进养分的分解和草坪草对养分的吸收;另一方面可以冲洗草坪草叶面上附着的化肥、农药及尘土,减少化肥及农药的危害。

(3)在北方冬季干旱少雨雪、春季缺少雨水的地区,入冬前浇一次防冻水,能使草坪草根部吸收充足的水分、养分,增强抗旱越冬能力,有利于安全越冬。

二、草坪浇水的质量要求

草坪浇水的质量要求主要包括浇水(喷灌)强度、喷灌均匀度、喷灌雾化度等方面。

(一)草坪浇水(喷灌)强度

草坪浇水(喷灌)强度是指单位时间内喷洒在草坪地面上的水深或喷洒在地面后单位面积上的水量。一般要求水落在地面后能立即渗入土壤而不出现地表径流和地面积水。不同质地的土壤允许的喷灌强度分别是每小时砂土20mm,壤砂土15mm,砂壤土12mm,壤土10mm,黏土8mm。

(二)喷灌均匀度

喷灌草坪生长的好坏,主要取决于喷灌的均匀度。影响均匀度的因素除设计方面的原因外,还与喷头旋转的均匀性、工作压力的稳定性、地面坡度、风速及风向有关。为提高喷灌均匀度,除认真搞好设计、平整地面外,喷灌最好选择在无风的清晨或傍晚进行,3级以上风力天气时要停止喷灌。

(三)喷灌雾化度

喷灌雾化度是指喷射水舌在空中雾化粉碎的程度。在建坪初期,如喷洒水滴太大,易损伤幼苗,所以在草坪草幼苗期喷灌时最好加盖作物秸秆或细砂土等。

三、北京地区各季节浇水特点

(一)返青水

春季气温回升后,3月下旬草坪返青前对草坪进行第一次灌水,此次灌水既可解冻,又可确保草坪草根系活动所需水分,保证草坪草有一个好的生长条件和好的生长势,使草坪提前返青。

(二)春、夏季浇水

草坪返青后,北京地区春季一般1~2周浇一次水,夏季一般每周浇水1~2次,每次浇水深度10~15cm。具体要根据土壤干湿程度确定草坪灌溉时间,当土壤表层5~10cm颜色发白时,土壤已经缺水,必须浇水。或者根据草坪草缺水情况确定灌溉时间,当草叶变成灰绿色必须浇水。

草坪在一天中大多数时间都可进行浇水,以在早晨和傍晚浇水最好。忌在夏季中午暴晒时浇水,此时浇水易引起草坪草灼伤、蒸发,而且因蒸腾强烈会降低水的利用率。

(三)秋季浇水

秋季是冷季型草坪的第二个生长高峰期,也是贮藏营养,发展根系,可有效促进草坪根系在适宜温度下的生长;秋季草坪浇水还应密切结合秋季施肥。一般2~3周浇一次水,浇水深度10~15 cm。

(四)封冻水

北京地区11月中、下旬气温下降到5℃以下,草坪草开始停止生长。一半以上叶片开始变黄,此时土壤还未冻结,在此时浇水叫作"封冻水",这对北方草坪草的越冬是十分重要的。

草坪冬灌需要灌透水,浇水深度至少要求达到15~20 cm,如一次浇水深度不够,可分2~3次浇水。

【技能训练】

一、内容及步骤

(1)了解当地的季节气候及草坪生长情况。

(2)设计表格,绘制表格。

(3)学习以上知识,制订完成浇水工作计划表(表3-1-1)。

表3-1-1 草坪浇水周年计划表

序号	季节	浇水时间及频率(月份、次数)	浇水深度(cm)
1	春季		
2	夏季		
3	秋季		
4	冬季		

二、注意事项

(1)计划表中的时间尽量具体到月份,例如:春季,3月下旬,浇返青水1~2次。

(2)因为是计划表,一定要根据实际天气情况及草坪生长情况等按需浇水,切忌为完成计划任务浇水。

环节二：确定当季校园绿地浇水工作

【知识学习】

一、浇水时间的确定方法

（一）植株观察法

当草坪草缺水时，叶片生长缓慢，上部叶色变暗，内卷并萎蔫下垂，局部出现变暗内卷时就应及时浇水。

（二）土壤含水量目测

土壤干旱时颜色较湿润淡。用泥铲或小刀分层取土，当表层 3~5 cm 土壤发白时，就应浇水。

二、浇水方式

（一）固定式喷灌

目前较常见，技术比较成熟的喷灌方式，其特点为喷头固定，操作简单，喷水均匀，省工省力。但前期投入较多，需提前设计点位，地下预埋水管线路，设置自动喷灌程序等。

（二）微喷带喷灌

目前草坪使用较多的一种节水灌溉方法。此方式经济实用，喷灌时可以任意移动，边角旮旯都能喷到，便于操作。

【技能训练】

一、确定浇水区域

图 3-1-1 为校园绿地分区图，图中 D-01、D-02、D-03、D-04 四块绿地草坪需要进行浇水，其中 D-01、D-02 两块绿地已完成固定式喷灌设备改造，D-03、D-04 两块绿地还未进行改造，无固定式喷灌设备。

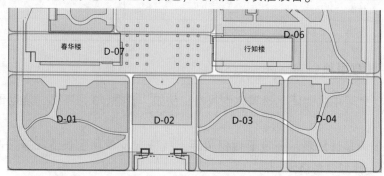

图 3-1-1　校园绿地分区图

二、确定季节及草坪草生长情况

(一)确定季节

按周年计划安排浇水工作。

(二)观察草坪生长情况

可利用植株观察法或土壤含水量目测法确定是否需要浇水。

三、确定浇水方式

观察校园绿地情况,确定是否有固定喷灌设施,制订草坪浇水方式表(表3-1-2)。有固定喷灌设施的草坪浇水方式为固定式喷灌,无固定喷灌设施的草坪浇水需要用微喷带喷灌。

表3-1-2 草坪浇水方式表

编号	地段	浇水方式
1	校园绿地 D–01 号	
2	校园绿地 D–02 号	
3	校园绿地 D–03 号	
4	校园绿地 D–04 号	

环节三:实施浇水工作

【技能训练】

一、工具

水管、喷头、小推车。

二、内容及步骤

(1)检查喷灌设施是否完好,水电线路是否正常。设置喷灌系统,设定浇水区域及浇水时间、时长。如使用微喷带喷灌,需人工提前将管线放置到浇水区域。

(2)开启浇水设施。

(3)监控浇水区域,发现问题及时处理。

(4)浇水完成后,需手动关闭的设施要确定关闭。如使用微喷带浇水,需将喷灌设施收好后放回存放地点。

三、注意事项

（1）在确定草坪浇水量时，要考虑土壤质地。质地粗的沙质土在浇水时应减少每次的浇水量，增加浇水次数。质地细的壤土或粉砂土每次浇水量可大一些，浇水次数也可少一些。黏质的土壤，同样可以每次浇水量可大一些，浇水次数也可少一些。

（2）每次浇水，要浇透水。在每次灌溉之间，如果使上层几厘米的土壤干燥，可使根系向土壤深处生长。

（3）灌溉次数不能太频繁，否则易引起较大的病害和杂草问题。

任务二　草坪（冷季型）修剪

【任务描述】

校园绿地草坪需要周年养护，请学生确定校园绿地中草坪草种类，并观测其生长状况，按照校园草坪条件制订草坪修剪的周年计划，按计划进行草坪修剪。

【任务目标】

1. 了解草坪修剪的功能，掌握草坪修剪的原则。
2. 掌握草坪修剪的时间、频率、高度及修剪方向。
3. 能够独立制订修剪计划，并能正确操作修剪机械。

【任务流程】

制订周年修剪计划 ⟹ 实施修剪工作

环节一：制订周年修剪计划

【知识学习】

一、草坪修剪的功能

（1）草坪修剪能控制草坪草高度，使草坪经常保持整齐、美观，以满足人们的需要，从而使草坪具有较高的坪用价值和经济价值。

（2）修剪可以维持草坪草在一定高度下生长，促进草坪草新陈代谢和根基分蘖，增加草坪的密度和平整度，使色调鲜绿、植株健壮。

（3）草坪及时修剪，高度适中，可改善草坪密度和通气性，减少病虫害发生,有效抑制生长点较高的混生在草坪中的阔叶杂草,使其不能开花结籽,从而退化,失去繁衍后代的机会,而逐渐被消除。

(4)坪经多次修剪,"草基脚"增多,弹性增强,人踩上草坪后不仅有弹性感,还增加了草坪草的耐磨性能。

(5)入冬前合理修剪草坪,可以延长暖季型草坪草的绿色期,增强冷季型草坪草的夏季嫩草的越夏能力。

二、草坪草耐修剪的原因

(1)草坪草是由牧草驯化而来的,本身具有抗食草动物啃食的特点,修剪去掉部分茎叶,留下的茎叶可继续生长。

(2)修剪可维持草坪草在一定的高度下生长,未被伤害的幼茎、叶可以长大。

(3)草坪草的根和修剪后的留茬具有贮藏和吸收营养物质的功能,能保证修剪后草坪草再生对养分的需求。

三、草坪修剪的高度

草坪修剪高度是指草坪修剪后留在地面上的草坪草茎叶的高度,也叫"留茬"。草坪的修剪高度常与草坪的类型、用途、草坪草种和品种有关。每一种草坪草都有它特定的耐修剪高度范围,耐修剪高度范围是草坪草能忍耐的最高与最低修剪高度之间的范围。高于耐修剪高度范围,草坪草变得蓬松、柔软、匍匐、草坪质量不良。低于耐修剪高度范围,草坪草植株变化,茎叶密度增加,影响根和地下茎的生长,减少糖类的合成与贮存,植株体内液体增加,抗性降低。不同草坪草耐修剪的高度范围(表3-1-3)。

表3-1-3 草坪草耐修剪的高度范围

冷季型草坪草	耐修剪高度(cm)	冷季型草坪草	耐修剪高度(cm)
匍茎翦股颖	0.6~1.9	紫羊茅	2.5~6.5
草地早熟禾	3.8~6.5	高羊茅	5.0~7.6
粗茎早熟禾	3.8~5.0	多年生黑麦草	3.8~5.0
硬羊茅	2.5~6.5		

四、各季节修剪特点

(一)春季修剪

冷季型草坪草有春季生长高峰期,一般1周修剪1次。草坪春季修剪应在梳草后进行。

(二)夏季修剪

夏季冷季型草坪进入休眠，一般2周修剪1次，留茬高度一般为5~6 cm。

(三)秋季修剪

秋季也是冷季型草坪的生长高峰期，一般1周修剪1次，留茬高度逐渐调整为7~8 cm。但为了使草坪有足够的营养物质越冬，在晚秋修剪次数应逐渐减少。

【技能训练】

一、内容及步骤

(1)学习以上知识，了解每个季节修剪的作用及留茬高度。
(2)设计表格，绘制表格。
(3)填写完成修剪工作计划表(表3-1-4)。

表3-1-4　草坪修剪周年计划表

序号	季节	修剪频率	留茬高度(cm)
1	春季		
2	夏季		
3	秋季		

二、注意事项

(1)计划表中修剪频率具体到每周修剪几次，例如：春季1周修剪1次。
(2)留茬高度按照主要草种的情况确定，具体操作时要参考不同草种的耐修剪高度，见表3-1-3。

环节二：实施修剪工作

【知识学习】

一、草坪修剪的原则

草坪修剪要遵循1/3原则(图3-1-2)，是指每次修剪时，剪掉的部分不能超过草坪草自然高度(未剪前的高度)的1/3。如果一次修剪的量多于1/3，由于大量的茎叶被剪去，势必引起养分的严重损失。叶面积的大量减少将导致草坪草光合能力急剧下降，仅存的有效糖类被用于新的嫩枝组织，大量的根系因没有足够

图 3-1-2　修剪示意图

的养分而死亡,最终导致草坪的衰退。

二、常用草坪修剪机

(一)旋刀式剪草机

这是目前常用的草坪修剪机型。在北京和我国北方其他地区,草坪草生长比较缓慢,适宜用旋刀式修剪机(图 3-1-3)。

图 3-1-3　旋刀式剪草机

(二)滚刀式剪草机

该类剪草机修剪质量较旋刀式更好,但价格贵、保养程度要求较高(图3-1-4)。

图 3-1-4　滚刀式剪草机

【技能训练】

一、工具

旋刀式剪草机。

二、内容及步骤

(一)检查场地

凡需要修剪的草坪,特别是对外开放性的草坪,在进行修剪前应进行一次检查,将草坪上的各种杂物,包括石块、土块、树枝、废纸等要全部清除,以利修剪机具顺利运行,否则易碰伤刀具,造成损失。

(二)准备工具设备及工作服

(1)操作剪草机前,请认真阅读使用手册,了解旋刀式剪草机正确使用方法。

(2)检查汽、机油是否需要添加。如需加油,请将剪草机移到草坪外,以免燃料溢出伤害草坪。

(3)掌握如何迅速停止发动机运转,以便发生意外时紧急停车。

(4)穿戴具有保护性能的工作服和鞋子,鞋尖应有良好的摩擦力,以防滑脱。

(三)开启机械设备进行修剪

(1)启动手推式剪草机时,在相对平坦的地方启动机器,一只脚踏在剪草机底壳上,另一只脚离开剪草机一段距离,踩在实地上(图3-1-5)。

(2)当离开剪草机时,要立即关闭发动机,发动机发热时,禁止向油箱里加汽油。

(3)剪草机工作时,不要移动集草袋(斗)。

(四)关闭机械设备,检查修剪效果

(1)如果草坪以修剪平整为目的,需检查修剪是否出现"纹理"现象。

图 3-1-5　启动手推式草坪修剪机

同一草坪,每次修剪要从同一方向、同一路线往返进行,草叶会趋于同一方向定向生长,会导致草坪草瘦弱,并出现纹理。

(2)如果需修剪出纹理图案,需检查是否按照预定设计图形完成。

修剪图案一般采用间歇修剪技术而形成色泽深浅相间的图形,如彩条形、彩格形、同心圆形等,常见于球类运动场和观赏草坪。具体做法是:

①设计图形　根据场地面积和形状、使用目的和剪草机剪幅,设计相宜的图形。

②现场放线　用绳索做出标记。球类运动场的彩条或彩格,其条格的宽幅通常为 2~4 m。

③间歇修剪　按图形标记,隔行修剪,完成一半的修剪量。间隔数日后,再修剪其余的一半。间隔天数一般为 1~2 d,在能清晰地显示色差的前提下,间隔天数越短越好。

(五)清理草屑,并将修剪机械推回存放处

对草屑的处理有两种做法:一是将草屑留在草坪中;二是将草屑移出草坪。草屑的去留应视具体情况而定,如果草屑短、少,最好不要清理出去;如果草屑较长、多,则运出草坪为好。

三、注意事项

(1)避免剪草机轮子在同一地方反复走过,否则草坪土壤受到不均匀挤压,可能会压实形成土沟,使草坪坪面的平整受影响。

(2)在斜坡上剪草,手推式剪草机要横向行走,车式剪草机则顺着坡度上下行走。

(3)修剪过程要根据实际情况确定修剪高度,要遵循草坪修剪原则。

任务三　草坪(冷季型)施肥

【任务描述】

校园绿地草坪需要周年养护,请学生确定校园绿地中草坪草种类,并观测其生长状况,按照校园草坪条件制订草坪施肥的周年计划,按计划给当季草坪施肥。

【任务目标】

1. 了解草坪常用肥料种类及作用。
2. 掌握草坪常用施肥方法。
3. 能够独立制订施肥计划,并能正确操作实施。

【任务流程】

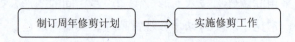

制订周年修剪计划 ⟹ 实施修剪工作

环节一:制订周年施肥计划

【知识学习】

一、草坪肥料类型

在草坪建植与养护管理中,凡是施入土壤或是喷洒在草坪草上,直接或间接地供给草坪草一种或多种草坪草生长所必需的养分,使其生长繁茂、色泽鲜绿正常,并能改善草坪质量和持久性、土壤理化性状、提高土壤肥力的各种物质,称为草坪肥料。草坪肥料的种类很多,按肥料的种类和性质分为有机肥料和无机肥料。

(一)草坪常用无机肥料

无机肥料使用化学方法合成或开采矿石经加工精制而成的肥料,又称为化学肥料,按所含营养成分,可分为以下几类:

1. 氮肥

氮肥就是以铵态氮和硝态氮等形式为草坪植株体提供植物生长需要的氮素养分的肥料。它是草坪养护管理中用量最大的肥料,按其释放氮的速度快慢分为速效氮肥和缓效氮肥。

2. 磷肥

以正磷酸根的形式进入草坪植物体，提供植物生长需要的磷素养分的肥料。它可促使草坪草根须发达，增强抗寒、抗旱能力；促进提早成熟。在施用磷肥时，应作基肥施用，最好是与有机肥混合堆沤一段时间在施用。

3. 钾肥

以钾离子的形式进入草坪植株体，提供植物生长需要的钾素养分的肥料。钾肥促使作物生长健壮、茎秆粗硬，增强对病虫害和倒伏的抵抗能力；促进糖分和淀粉的生成。钾肥应该提前在苗期或进入生殖生长初期追施，或一次性作为基肥施用。

4. 复合肥料

指同时含有两种或两种以上氮、磷、钾主要营养元素的化学肥料。草坪复合肥料是根据草坪草的种类、生长状况、气候条件和草坪用途等不同情况，专门设计的全价肥料。理想的草坪复合肥不但能合理地调整氮、磷、钾等肥料的比例，还含有适量的水溶性氮和非水溶性氮，快慢结合，合理控制氮素释放的速度和作用。

5. 微量元素肥料

微量元素肥料主要是一些含硼、锌、钼、锰、铁、铜等营养元素的无机盐类和氧化物或螯合物。

多数情况下，微量元素肥料只要未表现出缺素症状，就不必施用，土壤中的含量和施用其他肥料常带有微量元素。微量元素肥料常用作叶面追肥，可用于某一元素缺素症，施用时要严格控制施用浓度，以免造成肥害。

草坪必需的营养元素以多种形式存在于肥料之中，管理中常用的肥料及特性见表 3-1-5。

表 3-1-5　草坪常用无机肥料

种类	肥料名称	主要成分	性质	施用方法
氮肥	碳酸氢铵	NH_4HCO_3	白色或灰白色，细粒结晶或颗粒状，易溶于水，在水中呈碱性反应，且易潮解结块，分解挥发	适用各种土壤和多种草坪植物，可作基肥和追肥
	硫酸铵	$(NH_4)_2SO_4$	纯品为白色菱形结晶颗粒，吸湿性小，不宜结块，易溶于水，生理酸性肥	适用各种草坪植物，在草坪建植时，可作基肥、种肥和追肥
	硝酸铵	NH_4NO_3	白色或淡黄色结晶细粒或球形粒，易溶于水，生理中性肥料，吸湿性强，易结块	适用各种土壤和多种草坪植物，宜作追肥，不宜作基肥

(续)

种类	肥料名称	主要成分	性质	施用方法
氮肥	氯化铵	NH_4Cl	白色或微黄色结晶,易吸湿结块,生理酸性肥料	宜作基肥和追肥,不宜作种肥。作追肥时,应深施覆土
	尿素	$CO(NH_2)_2$	白色或微黄色结晶,贮藏性能好,易溶于水,生理中性肥料,吸湿性强	适用于各类土壤或作物,可作基肥、追肥及叶面喷施用
磷肥	过磷酸钙	$Ca(H_2PO_4)_2 \cdot H_2O \cdot CaSO_4$	灰白色或深灰色粉状物,吸湿性和腐蚀性强,稍有酸味,水溶液呈酸性	适用于各类土壤和草坪植物,可作基肥、追肥和草坪建植肥,也可作根外追肥
	重过磷酸钙	$Ca(H_2PO_4)_2 \cdot H_2O$	灰白色粉状或颗粒,吸湿性和腐蚀性强,易潮解、结块。易溶于水,呈酸性	适用于各类土壤和各种草坪植物,可作基肥、追肥和草坪建植肥
钾肥	硫酸钾	K_2SO_4	白色或淡黄色结晶,物理性状好,吸湿性小,易溶于水,为化学中性、生理酸性肥料	适用于各种草坪植物,可作基肥和追肥
	氯化钾	KCl	白色或粉红色结晶,易溶于水,吸湿性小,为化学中性、生理酸性肥料	适宜作基肥和追肥,不宜作种肥和根外追肥。除盐碱土外,一般草坪土壤均可施用
复合肥料	磷酸一铵	$NH_4H_2PO_4$	白色颗粒,易溶于水,为化学酸性肥料	适用于各种草坪植物和土壤。适宜作基肥、追肥和种肥
	磷酸二铵	$(NH_4)_2HPO_4$	白色结晶颗粒,易溶于水,为化学碱性肥料	适用于各种草坪植物和土壤。适宜作基肥、追肥和种肥
	硝酸钾	KNO_3	白色结晶,吸湿性小,不易结块,易溶于水,为化学中性、生理中性肥料	宜作草坪追肥、根外追肥和浸种肥,不宜作基肥
微量元素肥料	硼砂	$Na_2B_4O_7 \cdot 10H_2O$	白色结晶,易溶于水,容易被草坪草吸收	适用于各种草坪植物和土壤。适宜作基肥、追肥和种肥
	硫酸锌	$ZnSO_4 \cdot 7H_2O$	白色或淡红色结晶,易溶于水,容易被草坪草吸收	适用于各种草坪植物和土壤。适宜作基肥、追肥和种肥
	钼酸铵	$(NH_4)_2MoO_4$	青白色结晶,易溶于水,容易被草坪草吸收	适用于各种草坪植物和土壤。适宜作基肥、追肥和种肥
	硫酸锰	$MnSO_4 \cdot 3H_2O$	淡红色结晶,易溶于水,容易被草坪草吸收	适用于各种草坪植物和土壤。适宜作基肥、追肥和种肥
	硫酸亚铁	$FeSO_4 \cdot 7H_2O$	淡绿色结晶,易溶于水,容易被草坪草吸收	适用于各种草坪植物和土壤。适宜作基肥、追肥和种肥
	五水硫酸铜	$CuSO_4 \cdot 5H_2O$	蓝色结晶,易溶于水,容易被草坪草吸收,常用铜肥	适用于各种草坪植物和土壤。适宜作基肥、追肥和种肥

(二)草坪常用有机肥

有机肥料是利用有机物质如天然柴草、动植物残体、人粪尿、牲畜粪尿、河泥、垃圾等作原料,经人工堆积、沤制等制成的肥料。根据其来源、特性与积制方法分为粪尿肥类、堆沤肥类、绿肥类、饼肥类、泥炭及腐殖酸类肥料和泥土肥类等。其特点是含有大量的有机质和营养元素,养分全面,肥效缓慢,其来源广泛,价格低廉,制造简便,种类多,改土培肥效果好。

1. 粪尿肥料

包括人粪尿、家畜粪尿、厩肥、海鸟粪以及蚕沙等。

人粪尿是一种养分含量高,氮素、磷素较多,C/N比值小,腐熟快,易分解,肥效快的有机肥料。但它易于流失和挥发,而且还含有多种病菌和寄生虫卵,易于传播疾病,如果利用不当,对土壤和作物都可能产生不良影响。

2. 堆沤肥类

包括堆肥、沤肥、秸秆直接还田以及沼气池肥等。

堆肥是利用秸秆、青草、绿肥、泥炭、树叶、垃圾以及其他废弃有机物为主要原料,加入粪尿、泥土,在适当通气情况下发酵而成的。沤肥是利用秸秆、青草、绿肥等为主要原料,掺入河泥、人畜粪尿等在嫌弃条件下发酵而成的。堆肥比沤肥发酵腐熟快,施用效果,包括对土壤理化性状的改善也比沤肥好。堆肥和沤肥一般多用作基肥,施用时应耕翻入土,同时配合适量的速效肥料。

3. 绿肥类

包括栽培绿肥和野生绿肥。绿肥植物产量高、肥效好,能促进土壤有机质的更新,培肥改良土壤,净化水质。绿肥含养分全面,容易分解,容易栽培。施用时一般采用直接翻耕,要压严、压实,并及时灌水,使绿肥和土粒紧密接触,以利于分解。

4. 饼肥类

饼肥中含有机质和氮、磷、钾及各种微量元素。在有些饼肥中含有一些有毒的副成分,如茶子饼中的皂素。饼肥可作基肥、追肥。饼肥作追肥时必须经发酵后方可施用。

二、各季节施肥特点

(一)春季施肥

草坪返青后,施肥2~3次。3月下旬第一次施肥,4月下旬或5月第二次施肥。肥料以氮肥为主，也可施入氮、磷、钾复合肥，以促进草坪春季迅速生长。或施有机肥，比如麻渣。

(二) 夏季施肥

夏季对长势衰弱的草坪进行施肥，至少施1次磷、钾肥，提高草坪的抗病性和耐热能力。常用肥料有磷酸二铵或磷酸二氢钾复合肥料，施肥量为 $30g/m^2$。

(三) 秋季施肥

北京地区冷季型草坪秋季施肥时间9月上、中旬较合适。可施氮、磷、钾复合肥，一般园林绿地秋季应至少施肥1次。秋季施肥能形成致密、绿色期长的草坪。草坪秋季施肥采用撒施草坪复合肥，以磷酸二铵为主。

【技能训练】

一、内容及步骤

(1) 学习以上知识，了解每个季节施肥的种类及时间次数。
(2) 设计表格，绘制表格。
(3) 填写完成施肥工作计划表(表3-1-6)。

表3-1-6 草坪施肥周年计划表

序号	季节	肥料种类	施肥时间、次数
1	春季	氮肥为主，也可施入氮、磷、钾复合肥	草坪返青后，施肥2~3次。3月下旬第一次施肥，4月下旬或5月份第二次施肥
2	夏季	对长势衰弱的草坪施用磷、钾肥	7~8月施肥1次
3	秋季	氮、磷、钾复合肥	9月上、中旬施肥1次

二、注意事项

(一) 选择肥料种类时要注意因混合而引起肥效和药效的变化

不同种类的肥料混合施用时，要注意因混合而引起的养分的损失或有效降低。例如，铵态氮肥不可与碱性肥料混合使用，过磷酸钙不可与碳酸氢铵混合使用；肥料与农药混合施用时，要注意因混合而引起肥效和药效的降低。

(二) 施肥时要考虑草坪实际情况

肥土少施轻施，瘦土多施重施；砂土少施轻施，黏土多施重施；同一场所，若草坪草生长有差异时，生长不良的部分施肥量可以相应大一些。

(三) 施肥时要考虑天气情况

一般以晴好的天气为佳，土壤不能太潮湿，这样有利于土壤与肥料相伴和均匀，在施肥过程中尽可能地减少叶面被土壤和肥料污染。

环节二：实施施肥工作

【知识学习】

一、施肥时间与施肥次数的确定

施肥时间和次数的确定，受草坪植物的特性、床土类型、土壤理化性状、气候条件、草坪利用目的等诸多因素的影响。施肥的最佳时间应该是温度和湿度对草坪草生长最有利的季节。全年追肥一次的，暖季型草坪草以春末开始返青时为好，冷季型草坪草以夏末秋季为宜。

二、施肥量的确定

草坪需要多少肥料取决于多种因素，包括草坪草种类的要求、草坪质量、草坪的用途、气候条件、自然肥力、生长季节的长短和使用强度等。草坪管理工作者应根据土壤的养分测定结果和草坪草营养状况，以及施肥经验综合制定。在贫瘠土壤上生长的草坪草需要的肥料较多，应增加施肥量。草坪草生长季节越长，使用频率较高，越应多施肥以保证草坪草的健壮生长。

三、施肥方法的选择

草坪施肥的方法包括基肥、种肥和追肥。草坪施肥应以基肥为主，除沙质土壤外，应以微量元素在内的养分追肥为辅。通常粗制土壤可溶性氮易淋失，因而施肥次数应较多，应以长效氮肥为主。根据肥料的剂型和草坪植物的需求情况，通常可采取撒施、穴施和喷施3种方法。干燥的颗粒或粉末状肥料可采用撒施或穴施，流体肥料或水溶性强的粉质肥料可喷施。其中撒施有人工撒施和机械撒施两种方式，机械施肥可以使用专业施肥机（图3-1-6）。

图3-1-6　机械施肥

【技能训练】

一、工具

磷酸二氢钾复合肥料、天平、手推施肥机。

二、确定施肥区域

图3-1-7为校园绿地分区图,图中D-05区域草坪生长势较弱,经检查排除缺水、病虫等因素,原因为目前处于北京地区夏季,高温潮湿,此处冷季型草坪草部分生长较慢。

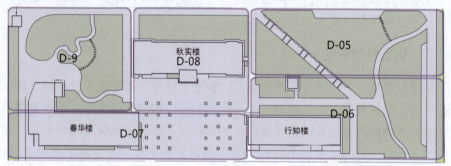

图3-1-7 校园绿地分区图

三、确定肥料种类及用量

(1)肥料种类:磷酸二氢钾复合肥料。
(2)施肥量:30 g/m^2。

四、内容及步骤

(1)检查撒肥设备是否正常,操作人员穿戴工作服。
(2)计算肥料用量,称好肥料装入施肥机中。
(3)施肥过程中观察施肥机肥料出口出肥情况,适时调整速度。
(4)施肥完将设备清理后放回存放地点。

五、注意事项

(1)肥料必须均匀撒施到草坪的表面,以产生均匀一致的效果。施肥时,可以将要施的肥料均匀分成2份,1份南北方向施,1份按东西方向施。
(2)施为了避免灼伤叶片,提高肥效,施肥后及时灌溉,灌至5~10 cm深土壤湿润即可。

任务四　草坪(冷季型)病虫害防治

【任务描述】

校园绿地草坪需要周年养护，请学生确定校园绿地中草坪草种类，并观测其生长状况，按草坪实际病种虫害发生情况进行防治。

【任务目标】

1. 了解常见病虫害特征。
2. 掌握草坪常见病虫害防治方法。
3. 能够独立制订常规病虫害防治方案，并能正确操作实施。
4. 具备安全生产、规范操作的职业素养，具备吃苦和求实精神，增强保护环境意识。

【任务流程】

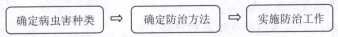

环节一：确定病虫害种类

【知识学习】

一、草坪病害诊断的方法

(一)田间宏观诊断

草坪病害诊断时应在草坪田边观察病株的田间分布特点：首先应判明草坪表现的异常情况属于传染性病害，还是非传染性病害或创伤。传染性病害有明显的症状，是由有害生物引起的病害，发生特点多数情况是由点到面，病株逐渐增多，而且有明确的传播介体或与传播方式相关的发病过程。非传染性病害是由不适的环境因素或某一管理措施引起的病害，田间发生普遍，没有传染现象，无发病中心，非传染性病害多数为全株性发病，少数属局部病变，但都不存在病征。创伤则是机械伤害，如压伤、割伤、踏伤、灼伤等。

(二)症状识别

在田间诊断的基础上用肉眼并借助手持放大镜对病害症状进行观察，然后结合环境条件、草种等做出确诊或初步诊断(尤其是一些常见病、多发病)。但同时也要注意同一病害症状发展的不同阶段，前期和后期往往不同。注意病部的形状、颜色、纹彩、气味和有无病征等特点。症状观察时，还要注意症状的复杂性和非典型症状。

(三) 病原物的微观观察

由于新病害出现或症状不典型，特别是病征发育不充分以及多种病原菌复合侵染诱发复杂症状时，只依靠症状对病害鉴定并不完全可靠，此时需要采集标本，进行病原物的显微镜检查。从病变组织的内部或外表检查出病原物，这是区别各种侵染性病害最可靠的办法。

二、草坪三大类病原生物所致病害的识别方法

(一) 真菌所致病害的特点和识别方法

寄主表面长出霉状物、粉状物等是真菌病害的重要标志。

(二) 细菌所致病害的特点和识别方法

细菌所致病害的症状常是组织坏死、腐烂或萎蔫，少数引起肿瘤。细菌病害的病斑周围常呈水渍状或油渍状，病斑上有时出现的胶状物称为细菌溢脓或称菌脓，是细菌性病害的重要标志。

(三) 线虫所致病害的特点和识别方法

在植物根表、根内、根际土壤、茎和种粒中可见到线虫。此外，线虫除了用吻针刺伤寄主和虫体在组织内穿行所造成的机械损伤之外，还分泌各种酶和毒素，使寄主组织和器官发生病变。

二、北京地区草坪常见病害特征

(一) 褐斑病

广泛分布于世界各地，可以侵染所有草坪草，如草地早熟禾、高羊茅、多年生黑麦草、翦股颖、结缕草、野牛草、狗牙根等250余种禾草。以冷季型草坪草受害最重。

草坪褐斑病又称立枯丝核疫病（图3-1-8），该病主要侵染草坪植株的叶鞘、茎，引起叶片和茎基的腐烂，一般根部不受害或受害很轻。在冷季型草坪中，高温高湿条件下最易感染该病。发病初期，染病叶片呈现水渍状，边缘

图3-1-8 褐斑病

呈红褐色，后期变成褐色，最后干枯，萎蔫。受害草坪有近圆形的褐色枯草斑块，条件适宜时，病情快速蔓延，枯草斑块可从几厘米迅速扩大到 2 m 左右。由于枯草斑中心的病株比边缘病株恢复得快，因此枯草斑就出现中央呈绿色、边缘呈枯黄色的环状，形成"蛙眼"状，清晨有露水或高湿时，有"烟圈"。在病叶鞘、茎基部有初为白色、以后变成黑褐色的菌核形成，易脱落。另外，该病在冷凉的春季和秋季还易引起黄斑症状（也称为冷季或冬季型褐斑）。

（二）腐霉枯萎病（油斑病）

又称油斑病、絮状疫病（图 3-1-9），是草坪上的重要病害。所有草坪草都会感染此病，其中冷季型草坪受害最重，如草地早熟禾、匍匐翦股颖、高羊茅、细叶羊茅、粗茎早熟禾、多年生黑麦草、意大利黑麦草和暖季型的狗牙根、红顶草等。

该病主要造成芽腐、苗腐、幼苗猝倒和整株腐烂死亡。尤其在高温高湿季节，对草坪的破坏最大。常会使草坪突然出现直径 2 ~ 5 cm 的圆形黄褐色枯草斑。清晨有露水时，病叶呈水浸状，暗绿色，变软、黏滑，连在一起，有油腻感，故得名为油斑病。当湿度很高时，尤其是在雨后的清晨或晚上，腐烂叶片成簇趴在地上且出现一层绒毛状的白色菌丝层，在枯草病区的外缘也能看到白色或紫灰色的菌丝体。

（三）夏季斑枯病

夏季斑枯病又称夏季斑或夏季环斑病（图 3-1-10），是一种严重的真菌性病

图 3-1-9　腐霉枯萎病　　　　　图 3-1-10　夏季斑枯病

害。可以侵染多种冷季型禾草，其中以草地早熟禾受害最严重，造成整株死亡。

夏季斑枯病是夏季高温高湿时发生在冷季型草坪草上的一种严重病害，尤其在生长较密的草地早熟禾草坪上。发病初期出现大小不等的枯黄色圆形斑块，直径 3~8 cm，斑块继续扩大。典型的夏季斑为圆形的枯草圈，直径大多不超过 40 cm 左右，但最大时也可达 80 cm。在持续高温天气下（白天高温达 28~35℃，夜温超过 20℃），病情迅速发展，草坪多处呈现不规则形斑块，且多个病斑愈合成片，形成大面积的不规则形枯草区。受该病危害的植株根部、根冠部和根状茎呈黑褐色，后期维管束也变成褐色，外皮层腐烂，整株死亡。

（四）币斑病

币斑病又称钱斑病或圆斑病（图 3-1-11），是最为常见的草坪病害之一，危害多种草坪草，主要侵染早熟禾、狗牙根、巴哈雀稗、假俭草、黑麦草、结缕草、翦股颖等。在管理水平比较高的草坪，比如高尔夫球场匍匐翦股颖果岭和球道上，该病害尤其常见。

图 3-1-11　币斑病

币斑病在高尔夫球场果岭及球道上的病症为单株叶片受害，开始产生水渍状褪绿斑，以后逐渐变成白色，边缘棕褐色至红褐色。病斑可扩大延伸至整个叶片，呈漏斗状。也常有从叶尖开始枯萎的现象。单株叶片可能只有一个病斑，也可能有许多小病斑或整叶枯萎，成坪草坪上呈现圆形、凹陷、漂白色或稻草色的枯草斑，大小为 5 分到 1 元硬币。若早晨有露水，在枯草斑上有白色、絮状或蛛网状的菌丝，叶片干燥时菌丝消失。在修剪较低的翦股颖草坪上，病斑最初的直径只有 1~2 cm，受害部位包括相邻几个分蘖的叶片和叶鞘。症状与红丝病最初的症状很相似，区别是红丝病的病斑不太规则，并且有粉红色菌丝。在修剪较高的草坪上，病斑不太规则，直径可达到 15 cm 以上，病斑经常在叶尖首先出现，长 2 cm 左右，并很快蔓延到整个叶片。

（五）锈病

锈病（图 3-1-12）是草坪禾草上的一类重要病害，它分布广、危害重，几乎每种禾草上都有一种或几种锈菌危害，是北方地区冷季型草坪的主要病害。一旦发生后，持续时间长，一般可从 4~5 月一直延续到 11 月下旬。

图 3-1-12　锈病

主要危害禾草的叶片和叶鞘，也侵染茎秆。因在病部形成黄褐色菌落，散出铁锈状孢子而得名。发病初期，在叶片表面看到一些散生黄色小泡斑，表皮破裂露出鲜黄色粉状物，后期产生黑褐色小泡斑，露出黑褐色粉状物，严重时病斑紧密成层，叶片变黄、纵卷干枯，从整体看去草坪像生锈一样，造成大片草坪枯黄，影响生长和观赏。

三、北京地区草坪常见虫害特征

(一) 草地螟

草地螟(图 3-1-13)是一种间歇性暴发成灾的害虫，可危害多种草坪草，初孵幼虫取食幼叶的叶肉，残留表皮，并经常在植株上结网躲藏，3 龄后食量大增，可将叶片吃成缺刻或仅留叶脉，使叶片呈网状。

成虫体较细长，8～12 mm，翅展 24～26 mm，全体灰褐色；前翅灰褐色至暗褐色斑，中央稍近前缘有 1 个近似长方形的淡黄色或淡褐色斑，翅外缘黄白色并有一串淡黄色小点组成的条纹；后翅灰色或黄褐色，近翅基部较淡，沿外缘有两条黑色平行的波纹。卵椭圆形，乳白色，有光泽，分散或 2～12 粒覆瓦状排列成卵块。老熟幼虫体长 19～25 mm，头黑色有白斑，胸、腹部黄绿或暗绿色，有明显的纵行暗色条纹；周身有毛瘤，刚毛基部黑色，外围有 2 个同心黄色环。

(二) 斜纹夜蛾

斜纹夜蛾(图 3-1-14)在国内各地都有发生，主要为害区在长江流域及黄河流域，东北地区为害较轻。它是一种杂食性害虫，主要以幼虫为害全株，初孵幼虫群集在叶背啃食，只留上表皮和叶脉，被害叶好像纱窗一

图 3-1-13　草地螟幼虫及成虫
(a)幼虫　(b)成虫

图 3-1-14　斜纹夜蛾幼虫及成虫
(a)幼虫　(b)成虫

样。3龄后分散为害叶片、嫩茎，老龄幼虫可蛀食果实。

成虫体长14~20 mm左右，翅展35~46 mm，体暗褐色，胸部背面有白色毛丛，前翅灰褐色，前翅基部有白线数条，内外横线间从前缘伸向后缘有3条灰白色斜纹，雄蛾这3条斜纹不明显，为1条阔带，后翅白色半透明。卵扁平的半球状，直径约0.5 mm，表面有纵横脊纹，初产黄白色，后变为暗灰色，块状黏合在一起，上覆黄白色绒毛。幼虫体长33~50 mm，头部黑褐色，胸部多变，从土黄色到黑绿色都有，背线及亚背线橘黄色，中胸至第9腹节在亚背线上各有半月形或三角形2个黑斑。蛹长15~20 mm，圆筒形，红褐色，腹部末端有一对短刺。

（三）蚜虫

蚜虫（图3-1-15）每年的春季与秋季可出现蚜量高峰。以成蚜与若蚜群集于植物叶片上刺吸危害，严重时导致生长停滞，植株发黄、枯萎，同时还可传播病毒病。蚜虫排出的蜜露，会引发煤污病，污染植株，并招来蚂蚁，造成进一步危害。

蚜虫危害草坪草的主要种类有麦长管蚜、麦二叉蚜、禾谷缢管蚜等。其主要特征是：体微小而柔软，麦长管蚜有翅孤雌蚜体长2.4~2.8 mm，无翅孤雌蚜体长2.3~2.9 mm。以上3种蚜虫在我国各地均有分布，1年可发生10余代至20代以上。在生活过程中可出现卵、若蚜、无翅成蚜和有翅成蚜等。在生长季节，以孤雌胎生进行繁殖。

（四）螨类

螨类（图3-1-16）在自然界分布很广，对草坪的危害也越来越大。10月中、下旬雌成虫群集在枯叶内、杂草根际、土块缝隙或树皮内越冬。2~3月在

图3-1-15 蚜虫
（a）蚜虫危害状 （b）蚜虫成虫

图3-1-16 螨类

草上取食产卵繁殖,靠风、雨、水及随寄主转移传播危害。幼螨、成螨均喜在叶背面活动,吐丝结网,7～8月危害最盛。如遇高温低湿,繁殖率加大。受害叶片下面出现红斑,迅速枯焦、脱落,严重者可造成草坪斑秃,甚至大片死亡。

危害草坪草的螨虫主要有麦岩螨、麦圆叶爪螨等。其体长小于1 mm,卵圆形或近圆形,暗红褐色(故称红蜘蛛),无翅,幼螨3对足,若螨与成螨均有4对足。以刺吸式口器吸取植物汁液。

(五)地老虎

地老虎属世界性害虫,在我国各地广泛分布。危害草坪草的主要种类是小地老虎(图3-1-17)与黄地老虎,常混合发生虫害。成虫昼伏夜出,有很强的趋光性与趋化性。幼虫一般有6龄,1～2龄幼虫一般栖息于土表或寄主叶背和心叶中,昼夜活动,3龄以后白天入土约2 cm处潜伏,夜出活动。地老虎喜温暖潮湿的环境,一般以春、秋两季危害较重。

小地老虎成虫(图3-1-17),体粗壮,长约16～32 mm,深褐色,前翅有几条深色横线;在内横线与中线间有一环形斑,中线与外横线间有一肾形斑;在肾形斑外侧有一个三角形小黑斑,尖端向外;后翅灰白色。老熟幼虫体长37～47 mm,圆筒形;头黄褐色,胸腹部黄褐色至黑褐色,体表粗糙;在腹部第1～3节的背面,各有

(a)

(b)

图3-1-17 小地老虎幼虫及成虫
(a)幼虫 (b)成虫

4个深色毛片组成梯形,后两个比前两个大1倍以上。

黄地老虎成虫体长14～19 mm,体色较鲜艳,呈黄褐色,前翅上的横线不明显,而肾形斑和环形斑很明显;后翅灰白色,半透明。老熟幼虫体长约为33～43 mm,体圆筒形,稍扁,黄褐色,体表多皱纹,腹部背面的4个毛片大小相似;臀板上有两块黄褐色大斑,中央断开,有较多分散的小黑点。

(六)蛴螬

蛴螬(图3-1-18)栖息在土壤中,取食萌发的种子,造成缺苗,还可咬断幼苗的根、根茎部,造成地上部成片死亡。被危害的草坪草地上部分并无明显的被害症状,但土壤下1～2 cm深处的根系却由于蛴螬的取食而大面积被损害。在草坪上表

现的被害状为：草坪上出现萎蔫斑块，提供充足的灌溉仍不能恢复生长，不久草坪颜色发褐，呈不规则状死亡，死亡的草皮如地毯一般，很容易被卷起。

危害草坪的蛴螬种类很多，主要有东北大黑鳃金龟、毛黄鳃金龟、铜绿丽金龟、中华弧丽金龟和白斑花金龟等。蛴螬体肥大，体长35～45 mm，多为白色，少数为黄白色。体壁较柔软多皱，体表疏生细毛。头大而圆，多为黄褐

图 3-1-18　蛴螬

色，较坚硬；咀嚼式口器发达；蛴螬有 3 对较发达的胸足，腹部无足并向腹面弯曲，使身体呈"C"形。成虫统称金龟甲，前翅硬化如刀鞘。

【技能训练】

一、观察草坪生长情况

目前处于北京地区 5 月，校园绿地中（图 3-1-19）草坪草处于生长较旺盛状态，但经过观察，发现校园绿地 D–10 区域草坪出现不规则的枯死，草一抓一片即起的情况。

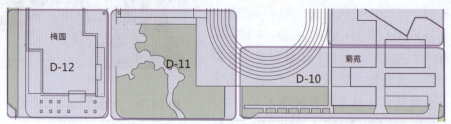

图 3-1-19　校园绿地分区图

二、查找草坪死亡原因

观察草坪草地上部分，如未发现原因，应扒开草皮，观察地下部分。通过观察地下，确定此处发生虫害，虫害种类为蛴螬（图 3-1-20）。

图 3-1-20　蛴螬危害

环节二：确定防治方法

【知识学习】

每种病虫害都有其相应的防治方法，请学习以下内容，选择适合的防治方法。

一、北京地区草坪常见病害防治方法

（一）褐斑病防治

1. 物理防治

夏季要均衡施肥，增施磷、钾肥，避免偏施氮肥。科学浇水，避免串灌和漫灌。及时修剪，夏季修剪不要过低。修剪后的残草和病残体，减少菌源。

2. 化学防治

褐斑病发生普遍而严重，但及时采用杀菌剂防治，还是可以控制病害的流行与发展，用药物防控效果好，天气转凉后病斑可恢复。4月底至5月初用百菌清预防，选用丙环唑乳油3000~5000倍；草病灵2号、3号、4号、杀灭尔等药剂防治，对严重发病地块或发病中心，用高浓度、大剂量上述药剂灌根或泼浇控制。在高温高湿天气来临之前或期间，要少施或不施氮肥，保持一定量的磷、钾肥；避免漫灌，特别要避免傍晚灌水。夏季剪草不要过低。

（二）腐霉枯萎病防治

1. 物理防治

改善草坪立地条件，平整土地，设置排水设施，避免积水；合理灌水，见湿见干，避免傍晚和夜间灌水；要灌透水，尽量减少灌水次数，降低草坪小气候相对湿度。灌水时间最好在清晨或午后，任何情况下都要避免傍晚和夜间灌水。及时清除枯草层，高温季节有露水时不修剪，以避免病菌传播。平衡施肥，避免施用过量氮肥，增施磷肥和有机肥。氮肥过多会造成徒长，因而加重腐霉枯萎病的病情。

2. 化学防治

腐霉枯萎病的防治措施：药剂防治：甲霜灵可湿性粉剂800~1000倍，乙磷铝或杀毒矾800倍。为防止抗药性的产生，提倡药剂的混合使用或交替使用。

（三）夏季斑枯病防治

1. 物理防治

要选用抗病品种。由于夏季斑是一种根部病害，所以凡是能促进根系生长的

措施都可减轻病害的发生。避免低修剪(一般不低于5~6 cm);最好使用缓释氮肥;要深灌;尽可能减少灌溉次数。打孔、梳草、通风、改善排水条件、减轻土壤紧实度等均有利于控制

2. 化学防治

使用增强根系活力的"根动力"等促生根的成分的药剂,对草坪根系进行处理,预防和减轻病害的发生。切记此病5月即开始药剂防治。建议用阿米西达(嘧菌酯)1000~2500倍,间隔10~20 d;阿米多彩(菌酯、百菌清)800~1200倍进行防治。平时通过增施磷、钾肥,控施氮肥;打孔透气避免低修剪。

(四)币斑病防治

1. 物理防治

轻施、常施氮肥,使土壤中维持一定的氮肥水平。早晨草坪上有露水时,应及时去除露水,浇水时尽量浇深浇透,减少浇水次数,不要在晚上浇水,以免形成露水。合理修剪,不要修剪过勤、过低。保持草坪通风透光。

2. 化学防治

喷施75%百菌清可湿性粉剂600倍液、80%代森锰锌800~1000倍液,也可喷施放线酮、敌菌灵等。

(五)锈病防治

1. 物理防治

防治锈病应结合修剪草坪,生长高度不能超过4~8 cm,及时剪掉病叶处理,消灭病原。适时浇水、施肥、补偿草苗因病害造成的失水、衰弱。

2. 化学防治

发病初期喷洒20%粉锈宁乳油1000倍液;12%腈菌唑乳油1000~1500倍。一般在草坪叶片保持干燥时喷药效果好。喷药次数主要根据药剂残效期长短而定,一般7~14 d一次,要尽可能混合施用或交替使用,以免产生抗药性。

二、北京地区草坪常见虫害防治方法

(一)草地螟

1. 物理防治

及时清除杂草,减少虫源。利用成虫白天不远飞的习性,用拉网法捕捉。用纱网做成网口宽3 m、高1 m、深4~5 m的虫网,网底和网口用白布制成,网的左右两边穿上竹竿,将网贴地迎风拉网,成虫即可被捕入网内。一般在羽化后

5~7d第一次拉网,以后每隔5d拉网一次。

2. 化学防治

幼虫危害期,用90%敌百虫1000倍液、50%辛硫磷乳油1000倍液喷雾,也可用2.5%敌百虫粉剂喷粉,用量22.5~30 kg/hm^2;或用每克菌粉含100亿活孢子的杀螟杆菌菌粉或青虫菌菌粉2000~3000倍液喷雾。

(二)斜纹夜蛾

1. 物理防治

清洁草坪,加强田间管理,同时结合日常管理采摘卵块,消灭幼虫。

2. 化学防治

喷药宜在暴食期以前并在午后或傍晚幼虫出来活动后进行。利用成虫的趋光性和趋化性,用黑光灯、糖醋液、杨树枝以及甘薯、豆饼发酵液诱杀成虫,糖醋液中可加少许敌百虫或敌敌畏,用黏虫板的防治。

(三)蚜虫

1. 物理防治

冬灌能大量杀死蚜虫;有翅蚜大量出现时及时喷灌可抑制蚜虫发生、繁殖及迁飞扩散;镇压草坪可将无翅蚜碾压而死,减轻危害。

2. 化学防治

用1.5%乐果粉、2.5%敌百虫粉、2%杀螟松粉、1.5%甲基异柳磷粉或5%西维因粉喷粉,用量22.5~30 kg/hm^2。或用40%乐果乳油或氧化乐果乳油1500~2000倍液、10%吡虫啉可湿性粉剂1500倍液、50%辛硫磷乳油1500~2000倍液、50%马拉硫磷乳油1000~1500倍液、50%辟蚜雾可湿性粉剂7000倍液、50%杀螟硫磷1000倍液喷雾防治。

3. 生物防治

利用瓢虫、草蛉、食蚜蝇、蚜茧蜂、蚜小蜂等天敌控制蚜虫。

(四)螨类

1. 物理防治

麦岩螨喜干旱,可利用灌溉灭虫;在麦圆叶爪螨的潜伏期进行灌水或在危害期将虫震落进行灌水,能使它陷入淤泥而死。虫口密度大时,耙糖草坪,可大量杀伤虫体。

2. 化学防治

若害螨大发生时需喷药防治。可选用的药剂品种有5%尼索朗可湿性粉剂或20%三氯杀螨醇乳油800~1000倍液、20%双甲脒乳油1000倍液、50%久效磷

2000倍液等，可根据情况防治2~3次。

（五）地老虎

1. 物理防治

及时清除草坪附近杂草，减少虫源。在发生量不大，枯草层又薄的情况下，人工捕杀幼虫，在被害苗的周围，用手轻拂苗周围的表土，即可找到潜伏的幼虫。

2. 化学防治

利用黑光灯、糖醋酒液或雌虫性诱剂诱杀均可。诱杀时间可从3月初至5月底，黑光灯下放置毒瓶、盛水的大盆或大缸，水面洒上机油或农药。糖醋液配制比为糖6份、醋3份、白酒1份、水2份加适量敌敌畏，盛于盆中，于近黄昏时放于草坪中，天亮收回。或喷药，应在3龄以前防治。可用2.5%敌百虫粉22.5 kg/hm^{2}与337.5 kg细土混匀，配成毒土，均匀撒施在草坪上；也可根据虫情用2.5%敌百虫粉按30~37.5 kg/hm^{2}的用量喷粉。或用90%敌百虫800~1000倍液或50%地亚农1000倍液，或50%辛硫磷1000倍液喷雾防治。

（六）蛴螬

1. 物理防治

在草坪建植前，对土壤深翻耕压，利用机械损伤和鸟兽啄食可大大压低虫口基数。合理施肥，施适量碳酸氢铁、腐殖酸铁等化肥作底肥，对蛴螬有一定的抑制作用。成虫产卵盛期，适当限制草坪灌水可抑制金龟甲卵的孵化，从而减少幼虫的危害及以后防治的困难。还可以利用金龟甲类的趋光性，设置黑光灯诱杀，效果显著。用黑绿单管黑光灯(发出一半绿光一半黑光)的诱杀效果较普通黑光灯好。

2. 化学防治

每公顷用50%辛硫磷乳油1.5~2.25 kg，兑细土30~40 kg，撒在土壤表面，然后犁入土中。亦可施用颗粒剂或将药剂与肥料混合施入。播前种子处理剂有50%辛硫磷乳油和20%甲基异硫磷乳油等，用药量为种子质量的0.1%~0.2%。具体做法是先将药剂用种子质量的10%的水稀释，然后喷拌于待处理的种子上，堆放10 h使药液充分吸渗到种子中以后即可播种。在幼虫发生初期，可喷洒50%辛硫磷乳油和50%马拉硫磷乳油1000~1500倍液，喷施前在草坪上打孔，喷药后灌水，可使药液渗入草皮下，从而杀灭幼虫。

【技能训练】

(1) 虫害种类：蛴螬。

(2) 分析虫害情况选择防治方法：化学防治。

环节三：实施防治工作

【技能训练】

一、工具

打药车、辛硫磷乳油、马拉硫磷乳油、量筒等。

二、配制药液

药液配置比例：50%辛硫磷乳油和50%马拉硫磷乳油1000～1500倍液。

三、内容及步骤

(1) 喷施前在草坪上打孔。

(2) 操作人员穿好防护服装。

(3) 检查工具设备是否能够正常使用，将配置好的药液装入设备中。

(4) 在虫害区域喷施药剂。

(5) 喷药后灌水，可使药液渗入草皮下。

(6) 喷药设备使用完后要及时清理，并放回存放地点。

二、注意事项

(1) 应在无雨、3级风以下天气施药，不能逆风喷施农药。夏季高温季节，中午不能喷药，施药人员每天喷药时间一般不能超过6h。

(2) 施用杀虫剂时，要注意防护，不要将药剂喷到人的皮肤或五官等处，要身穿干燥的工作服，戴上口罩、防护眼镜、胶皮手套等。草坪管理人员在施用杀虫剂后，要将身体的裸露部分以及工作服等物品冲洗干净后再进行正常活动，如饮水进食等。

(3) 在喷洒药剂后几日内，应禁止人和动物进入喷药区，要等药剂被水冲掉，草坪干燥后，再允许进入草坪，避免中毒。

(4) 如果在施用化学药剂时，不慎将药剂喷到了人体或动物体上，应立即用水和肥皂冲洗干净。如果发现药物中毒，应立即根据所用药剂的性质，口服一些解毒药剂，如有机磷杀虫剂的解毒药剂苏打水、硫酸阿托品、解磷定等；当呼吸困难时，可输入氧气，并送往医院治疗。

项目二　草坪辅助养护管理

要养护一块高质量的草坪，除了进行合理的灌水、修剪、施肥和及时有效地防治病虫害等常规养护管理外，还要适时对草坪进行打孔、疏草、滚压等辅助管理措施，这对满足草坪草自身的生长发育，以及维持草坪的功能和延长草坪使用寿命是非常重要的。

本项目的侧重点为掌握打孔、疏草、滚压的操作技术。

任务一　草坪打孔

【任务描述】

校园绿地中有一块草坪坪床硬化，为改善草坪状况，需采取草坪打孔辅助管理措施。

【任务目标】

1. 了解打孔的作用。
2. 掌握打孔的方法。
3. 能够判断草坪是否需要打孔，并能正确操作实施。
4. 具备安全生产、规范操作的职业素养，具备吃苦和求实精神，增强保护环境意识。

【任务流程】

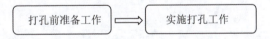

环节一：打孔前准备工作

【知识学习】

打孔的作用：

一、改善土壤通气性

一般来说，2.5~5.0 cm 土层的土壤是最紧实的，打孔能改善土壤通气性，有利于土壤气体交换以及有毒气体的释放。

二、改善土壤的渗透性、供水性和蓄水性

打孔能改善土壤的吸水性和保水性，提高表层紧实或枯草层过厚土壤的渗透能力，加速长期潮湿土壤的干燥。

三、改善土壤的供肥性和保肥性

打孔能改善草坪对施肥的反应，提高土壤阳离子的交换能力，并改善土壤对养分的保持能力和供给能力。

四、促进草坪草的生长发育

打孔能促进根系的生长发育以及对土壤养分的吸收，促进根系向更深处生长，使草坪草抗旱性增强；促进洞顶上枝条的分枝与生长，使草坪更葱郁；打孔还能加速枯草层和有机残体的分解，促进草坪草的生长发育。

【技能训练】

确定需打孔的草坪区域：食堂与宿舍楼之间的绿地。

我校食堂与宿舍楼之间的绿地因人流量较大，草坪周边未做阻隔，使草坪由于过度践踏而坪床硬化。目前坪床排水不良，草坪草根部严重缺氧，草坪草生活力低下，此时考虑为草坪进行打孔操作。

环节二：实施打孔工作

【技能训练】

一、工具

草坪打孔机（图 3-2-1）。

二、内容与步骤

（1）清理草坪上的各种杂物，包括石块、土块、树枝、废纸等要全部清除，以利机具顺利运行。

图 3-2-1　草坪打孔机

（2）将打孔机推至打孔区域，认真阅读使用手册，了解正确使用机械的方法。检查汽、机油是否需要添加。如需加油，在草坪外添加，以免燃料溢出伤害草坪。

（3）穿戴具有保护性能的工作服和鞋子。

图 3-2-2　打孔后效果

（4）开启机器进行打孔，时刻注意打孔效果（图 3-2-2），如不符合标准及时调整机器。

（5）打孔结束后，清理机器并推回存放地点。

三、注意事项

（1）打孔后会破坏草坪表面的完整性，草坪外观暂时受到影响。由于露出了草坪土壤层，可能会造成草坪草的脱水。

（2）裸露的土壤还会易产生杂草以及侵入地下害虫，所以要时刻关注杂草和虫害发展情况。

任务二　草坪疏草

【任务描述】

校园绿地中有一块草坪枯草层较厚并且致密，为改善草坪状况，需采取草坪疏草辅助管理措施。

【任务目标】

1. 了解疏草的作用。
2. 掌握疏草的方法。
3. 能够判断草坪是否需要疏草,并能正确操作实施。
4. 具备安全生产、规范操作的职业素养,具备吃苦和求实精神,增强保护环境意识。

【任务流程】

疏草前准备工作 ⟹ 实施疏草工作

环节一:疏草前准备工作

【知识学习】

草坪疏草的作用:

草坪草在生长过程中会形成枯草层,它是由枯死的根茎叶组成的致密层,堆积在土壤和青草之间,日积月累,会阻碍草坪草对水分和养分的吸收。枯草过多也影响草坪的观赏效果。此时可以用专业草坪疏草机进行疏草操作,疏草后枯草减少,草坪色泽有明显变化(图3-2-3)。

【技能训练】

确定需疏草的草坪区域:教学楼前的绿地。

我校教学楼前绿地草坪面积较大,经过春夏季的生长,下层出现较多枯草。此时考虑为草坪进行疏草操作。

图3-2-3 疏草效果

环节二:实施疏草工作

【知识学习】

疏草机的刀片深度一般可以调节,刀片调节位置不同会有不同的疏草效果。

一、提高草坪的平齐性

当刀片安装在上位时,可切掉匍匐枝或匍匐枝上的叶,从而提高草坪的平齐性。

二、加速枯草层分解

当刀片安装在中位时,可破碎打孔留下的土条,使土壤重新混合有助于枯草层的分解。

三、清除草坪枯草层

当刀片安装在下位时,能有效地清除枯草层,使空气、水分、养分、农药能进入土壤,有利于草坪草根系的吸收,有效地防治病虫害,促进草坪草的生长发育。

【技能训练】

一、工具

草坪疏草机。

二、内容与步骤

(1)清理草坪上的各种杂物,包括石块、土块、树枝、废纸等要全部清除,以利机具顺利运行。

(2)将疏草机推至打孔区域,认真阅读使用手册,了解正确使用机械的方法。检查汽、机油是否需要添加。如需加油,在草坪外添加,以免燃料溢出伤害草坪。

(3)穿戴具有保护性能的工作服和鞋子。

(4)开启机器进行疏草(图3-2-4),时刻注意疏草效果,如效果不好及时调整机器。

(5)疏草结束后,清理机器并推回存放地点。

(a)

(b)

图 3-2-4　疏草操作

二、注意事项

(1) 疏草机工作宽度 35~50 cm，工作深度 0~7.6 cm，可由装在机器前面或后面的调节滚筒或轮子来控制。刀片的安装位置一般有上、中、下三种位置，可达到不同的效果。

(2) 疏草机清除枯草层会拔出大量活的植株，所以对浅根性的草坪草可能是有害的，操作前，一定要进行必要的实验，以确定适宜的操作时间、深度、方法等。

(3) 疏草后，碎屑积聚，应立即清除，以避免避光的影响，特别是在炎热的天气条件下。

(4) 疏草应在土壤和枯草层干燥时进行，这样可使草坪受到的伤害最小。

任务三　草坪滚压

【任务描述】

校园绿地中新铺植一块草坪，为使其平整，提高草坪定植成功率，需采取草坪滚压辅助管理措施。

【任务目标】

1. 了解滚压的作用。
2. 掌握滚压的方法。
3. 能够判断草坪是否需要进行滚压，并能正确操作实施。
4. 具备安全生产、规范操作的职业素养，具备吃苦和求实精神，增强保护环境意识。

【任务流程】

滚压前准备工作 ⇨ 实施滚压草坪工作

环节一：滚压前准备工作

【知识学习】

草坪需要滚压的几种情况：

(1) 播种后滚压，能起到平整坪床、改善种子与土壤接触的作用，提高种子萌发的整齐度。

（2）铺植后滚压，使草坪根部与坪床紧密结合，易于吸收水分，产生新根，以利草坪的定植。

（3）起草皮前滚压，可获得厚度一致的草皮，可降低草皮重量，节约运输费用。

（4）生长季滚压，能使叶丛紧密而平整。

【技能训练】

确定需滚压的草坪区域：操场南侧草坪种植实验地，位于路边狭长地形。

北京地区4月，北京园林学校刚在操场南侧绿地播下草种，此时考虑为草坪进行滚压操作。

环节二：实施滚压草坪工作

【知识学习】

一、滚压机的选择

滚压可用人力推重滚或机械牵引。机动滚轮为 80～500 kg，手推轮重为 50～200 kg。压辊有石辊、水泥辊、空心铁辊等材质，空心铁辊可充水，通过调节水量来调整重量。滚压的重量依滚压的次数和目的而定，如为了修整床面则宜少次重压（200 kg），播种后便种子与土壤紧密接触则宜轻压（50～60 kg），应避免强度过大造成土壤板结，或强度不够达不到预期效果。

二、滚压时间

草坪宜在生长季进行滚压，冷季型草坪草应在春、秋季草坪生长旺盛的季节进行，而暖季型草坪草则宜在夏季进行，有土壤冻层的地区春季解冻后要滚压。

【技能训练】

一、工具

手推滚压机：滚轮为 50～60 kg。

二、内容与步骤

（1）将草坪上的各种杂物，包括石块、土块、树枝、废纸等要全部清除，以利机具顺利运行。

(2)穿戴具有保护性能的工作服和鞋子。

(3)拖动轮辊进行滚压。

(4)滚压结束后,清理机器并推回存放地点。

二、注意事项

(1)草坪弱小时不宜滚压。

(2)在潮湿的土壤上尽量避免高强度的滚压,以免土壤板结,影响草坪草生长。

(3)在过于干燥的土壤上,要避免重压,防止草坪地上部分受伤应结合打孔、疏除、施肥、覆沙等管理措施进行。

项目三　园林地被植物养护

本项目设置了任务一涝峪薹草的养护、任务二麦冬的养护、任务三萱草的养护、任务四玉簪的养护、任务五德国鸢尾的养护五个学习任务。通过这五个学习任务的学习，使学生掌握地被植物养护管理基本知识和技能；熟悉地被植物养护管理程序和方法；具备对常用地被植物实施养护管理的职业能力。

任务一　涝峪薹草的养护

【任务描述】

要求学生对涝峪薹草进行养护。要求植株生长健壮，无病虫害，绿色期达到 200 d 左右，覆盖度达到 100%。根据养护过程和要求制订养护计划，根据此计划进行养护过程的实施。

【任务目标】

1. 熟悉涝峪薹草养护的方法和流程。
2. 掌握涝峪薹草养护管理的技能。
3. 培养学生吃苦耐劳、团结协作等精神。

【任务流程】

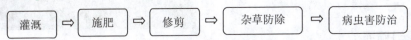

环节一：灌溉

【知识学习】

一、涝峪薹草的生态习性

喜生长在阴坡、半阴坡、林下溪旁，具有耐干旱、耐浓荫、耐中等强度盐碱、分蘖快、覆盖地面快（图 3-3-1）、养护管理粗放等特性。

图 3-3-1　涝峪薹草景观

二、灌溉水源

灌水的水源主要来源于河水、湖水、井水和再生水。有条件的应优先使用河水，其养分含量优于井水温度；井水温度和地面温度相差较大，一般应抽取存放一段时间后再行使用；再生水是目前推广应用力度较大的水源，但应用时一定要注意其内所含各种成分要符合水质要求。

三、返青水

春季开始升温时，地被植物解除休眠进入生长阶段，可在萌芽前浇水一次，俗称返青水。返青水可及时解除冬季干旱地区地被植物缺水状况，促进植物萌芽、生长。

四、封冻水

指秋末或冬初的灌水，落叶后到土地封冻前进行。每年10月下旬至11月中旬(即土壤上冻之前)灌水，北京时间为11月上、中旬。

五、灌溉方式

(一)人工浇灌

用软管的方式浇水，一次应浇足水浇透，水量足，效果好(图3-3-2)。

(二)地面漫灌

用引水或动力抽水等方式，进行地面漫灌。

(三)喷灌

利用机械和动力设备，使水通过喷头(或喷嘴)射至空中，以雨滴状态降落的灌溉方法(图3-3-3)。有固定式、半固定式、移动式喷灌。固定式喷灌是比较普遍的一种灌溉方式，对地被、花卉、草坪、花灌木效果好。

(四)滴灌

滴灌是将具有一定压力的水，过滤后经管网和出水管道(滴灌带)或滴头以水滴的形式缓慢而均匀地滴入植物根部附近土壤的一种灌水方法(图3-3-4)。

图3-3-2　人工浇灌

图 3-3-3 喷灌

图 3-3-4 滴灌

【技能训练】

一、所需用品

铁锹、喷灌设备、微喷带、水泵、皮管、手套等。

二、内容及步骤

(一)浇返青水

3月下旬气温开始升高,白天气温达到5℃以上时,根据天气情况公园主要依靠喷灌浇水,涝峪薹草可在萌芽前浇一次返青水。浇水时间为 20~30 min 一次。一般根据天气变化情况,浇水越早越好。

(二)生长期灌溉

1. 灌水时间与次数

北京地区4~5月是干旱季节,雨水少,人工浇水是唯一供给的措施。在浇"返青水"之后,春季降雨少,地被植物春季浇2~3次水,即在4~5月至少各浇一遍水,才能满足地被植物生长的需要。雨季则基本不需要灌溉。

2. 灌水深度

每次浇水以湿锋达到 30 cm,土层内水分饱和为原则,不能漏浇。

(三)灌冻水

冬季土壤封冻前需要浇一次冻水,灌水量要足。根据暖冬的情况,浇水主要使用喷灌,但冬季浇水时避免下半夜及早上浇水。浇冻水有地被植物提高越冬能力,并可防止早春干旱,在北京地区,这次浇水是不可缺少的。若在浇完冻水后天气变暖、土壤水分不足要补浇一次水。

三、注意事项

（1）坡度较大的地方浇水，应注意从高向低处浇，避免造成低凹处积水过多。
（2）浇水遵循"不浇则已，浇则浇透"的原则，避免只浇表土。

环节二：施肥

【知识学习】

一、肥料

肥料是保证地被植物生长发育的可靠基础。地被植物在生长过程中需要的养分有氮、磷、钾、钙、镁、锌、铁等十多种元素，其中氮、磷、钾三种成分通常称为肥料三要素。在整个生长发育过程中，只有满足所必需的各种营养物质，才能健壮地生长发育。

二、判断地被植物是否缺肥的方法

(一) 植物营养诊断法

如果植物不能从土壤中得到足够营养元素时，它们的外表和生长状况会发生变化，产生各种缺素(肥)症状。缺乏元素不同，植物所表现受害症状也不相同，如缺铁植物表现失绿症；缺锌表现小叶现象。通过这种营养诊断法可对症下药，及时解决缺肥问题，利于植物生长。

(二) 土壤测定法

土壤测定法可在植物未表现出异常现象时，及时、快速测定土壤肥料成分，提前解决营养元素缺乏问题。

【技能训练】

一、所需用品

肥料、塑料盆、浇水工具等。

二、内容及步骤

(一) 施肥时间及次数

已建成坪的涝峪薹草，可隔年追施 1 次。施肥可在返青后进行。

(二) 肥料种类及施肥量

使用尿素 + 磷酸二氢钾，比例为尿素:磷酸二氢钾 3:2 为宜，$5 \sim 10 \text{ g/m}^2$。

施肥后立即开启喷灌浇水。

(三)注意事项

施肥后及时灌溉,并将叶面截留肥料冲洗掉。

环节三:修剪

【知识学习】

地被植物不需要经常修剪,以粗放管理为主。但通过适当修剪整形可促进分枝,减少地被植物枝叶过多生长而对养分的消耗;可控制植株的高度,使其株形姿态优美。

【技能训练】

一、所需物品

剪草机、割灌机等。

二、内容及步骤

(一)修剪次数

(1)早春返青前宜修剪1次,将地上枯黄部分尽可能地剪掉。

(2)生长季不宜修剪。如生长多年,叶片比较长或枯叶比较多时,可于7月中、下旬修剪1次。

(二)修剪高度

如需要修剪,留茬高度为原株高的2/3。

三、注意事项

开花结实期和结实后的休眠期不宜修剪。

环节四:杂草防除

【知识学习】

一、杂草的定义

杂草是指混杂生长于栽植地,影响原有景观的其他植物,国外有资料把其解释为"长错了地方的植物"。根据功能、绿化目的要求不同,杂草所包括的范围不同。地被植物与杂草有时虽有明显的区别,有时则无很严格的界限,给防除工作增加了困难。因此，要根据立地条件、景观要求明确杂草的含义，从而采取科学合理的防除方法。

二、杂草的特点

地被植物野生性强，一般都是低养护管理的植物，但管理粗放必然造成杂草过旺，且杂草入侵性强，影响原有地被植物正常生长，有损美观和使用，增加养护的劳动强度和费用。为促进地被植物生长，在其生长过程中需要及时有效地控制杂草危害。

【技能训练】

一、所需物品

小花锄、手套。

二、内容及步骤

(一) 人工除草

1. 人工除草原则

人工除草要做到"除早、除小、除了"，不留种子，不留后患，多年生杂草要连根拔除。除下的杂草要集中处理，并及时清运。

2. 人工除草的时间

防除当涝峪薹草完全覆盖地表后，杂草很难入侵，杂草防除主要在幼苗期进行，尽量人工拔除，用小铲子通过翻动表层土壤来清除杂草。在生长季节，对于涝峪薹草要不间断地进行除草，夏季是杂草生长的旺季，禾本科杂草如蟋蟀草、马唐、狗牙根、狗尾草、虎尾草等已长成高荒草，以人工拔除为主。

(二) 化学除草

1. 除草剂的选择

使用化学除草可大大节省人力，尤其是大面积种植的地被植物，但使用除草剂一定要慎重，以免造成地被植物生长不良。一定要根据种植计划和当地杂草植物种类及其对除草剂的反应等，选择合适的除草剂，最好先小面积试用，以免对植物造成不可挽回的伤害。

2. 除草时间

掌握在晴天无风天气进行，尤其是雨后晴天，地面湿润，对大部分药剂更能增进药效；天气久旱，可结合喷灌进行施药。

三、注意事项

各类除草剂防治杂草范围不同，混合使用，可增加效果，减少用药量，降低成本。

环节五：病虫害防治

【知识学习】

薹草抗病虫害的能力较强，不像草坪草和温室花卉需要进行精心养护和定期喷药防治。但有时由于各种原因，如气候、密度、排水欠佳或施肥不当及其他原因，也会引起病虫害发生。涝峪薹草常见病害是锈病、叶斑病，常见虫害是蛴螬等地下害虫。

【技能训练】

一、所需物品

解放牌药罐车/2000 kg；三轮车载喷雾器/150 kg；背负式手动喷雾器/16 kg；农药等。

二、内容及步骤

（一）叶斑病

1. 症状

主要侵染叶片，发病初期，叶片上出现红褐色小斑点，逐渐扩大成圆形或不规则的病斑，红褐色，严重时病斑相连成片，导致叶片枯萎（图3-3-5、图3-3-6）。

图3-3-5　涝峪薹草病害

图3-3-6　后期引起枯萎

2. 防治方法

修剪高度为原株高的1/2处；发病初期喷施75%百菌清1000倍液，发病后喷施70%甲基托布津800倍液、50%嘧菌酯水分散粒剂1000倍液、1丙环唑乳油1000倍液。

(二) 锈病

1. 症状

夏孢子堆是黄色或橘黄色锈粉状物，散生在叶两面，以叶面为多；冬孢子堆也散生在叶两面，以叶背为多（图3-3-7）。该病在生长季节皆可发生，以6~7月和10月发病较重。四季温暖、多雨、多雾的年份利于发病，偏施氮肥则加重病害。

图3-3-7 锈病

2. 防治方法

清除草坪周围的转主寄主植物，如鼠李、长叶冻绿、沟儿茶、小檗、黄芦木等，杜绝侵染源。经常修剪草坪，生长高度不能超过4~8 cm。发病时喷施20%三唑酮乳油1000倍液或12%腈菌唑1000倍液。

(三) 蛴螬

金龟子类幼虫的统称，在4~5月和8~9危害最重。危害地被植物的根茎部，受害部位伤口整齐，使其萎蔫枯死，造成缺苗断垄现象。蛴螬乳白色，头橙黄或黄褐色，体圆筒形，身体呈"C"形蜷曲，具3对胸足（图3-3-8）。常见种类有铜绿金龟子、大黑鳃金龟子、朝鲜金龟子、苹毛金龟子、小青花金龟子、白星花金龟子等（图3-3-9）。

图3-3-8 蛴螬

图3-3-9 金龟子

1. 防治成虫

①金龟子成虫一般都有假死性，可利用人工振落捕杀大量成虫。
②夜出性金龟子成虫大多有趋光性，可设置黑光灯进行诱杀。
③成虫发生盛期可喷 2.25% 功夫乳油 2000 倍液、40.7% 乐斯本乳油 2000 倍液、50% 辛硫磷乳油 1000 倍液。

2. 防治蛴螬

①加强圃地管理，勿用未腐熟的有机肥或将杀虫剂与堆肥混合施用冬季翻耕，将越冬虫体翻至土表冻死；
②可用 50% 辛硫磷颗粒剂处理土壤，均匀撒于地面。

三、注意事项

打药时，操作人员必须按照《农药操作规程》及《园林树木病虫害防治技术操作质量标准》进行作业。

任务二　麦冬的养护

【任务描述】

要求学生对麦冬进行养护。要求植株生长健壮，无病虫害，全年基本常绿，覆盖度达到 100%。根据养护过程和要求制订养护计划，并根据此计划进行养护过程的实施。

【任务目标】

1. 掌握麦冬养护的方法和流程。
2. 学会对麦冬进行养护管理的技能。
3. 培养学生吃苦耐劳、团结协作等精神。

【任务流程】

环节一：灌溉

【知识学习】

一、麦冬生态习性

麦冬生于山坡阴湿处、林下或溪旁（图 3-3-10）。具有常绿、耐阴、耐寒、耐

图 3-3-10　麦冬　　　　　图 3-3-11　麦冬开花

旱、抗病虫害等多种优良性状,是园林绿化应用优良地被植物。银边麦冬、金边阔叶麦冬、黑麦冬等具极佳的观赏价值(图 3-3-11)。

二、浇水原则

麦冬浇水遵循"不浇则已,浇则浇透"浇水原则。避免只浇表土,每次浇水以达到 30 cm 土层内水分饱和为原则,不能漏浇。因土质差异容易造成干旱生长期灌溉的范围内应增加灌水次数。

【技能训练】

一、所需物品

喷灌设备、水管等。

二、内容及步骤

(一)浇水季节

1. 春季浇水

春季气温上升,3 月上旬浇一次返青水,若遇干旱天气,立春前灌水 1～2 次,以促进块根生长发育。

2. 生长期浇水

生长期需水量较大,尤其立夏后气温上升,蒸发量增大,应视天气情况及时灌水。

3. 封冻水

11 月下旬,冬季土壤封冻前,灌一次封冻水。

(二)浇水方式

可采用喷灌或人工漫灌方式(图3-3-12)。人工浇灌时为了使浇水均匀,可将大面积的麦冬分成若干小区或长条状进行,浇水时应先远后近,逐步后移,这样可以避免重复践踏;设有移动喷灌设备的,可根据情况控制速度;使用水压皮带时,应该安装喷头,使喷水均匀;坡度较大的地方浇水,应注意从高向低处浇,避免造成低凹处积水过多。

图3-3-12 人工浇灌

(三)注意事项

坡度较大的地方浇水,应注意从高向低处浇,避免造成低凹处积水过多。

环节二:施肥

【技能训练】

一、所需用品

肥料、塑料盆、浇水工具等。

二、内容及步骤

(一)施肥种类

麦冬喜肥,可追施腐熟有机肥和氮磷钾复混肥。氮磷钾比例为 2∶1∶1 或 3∶2∶1 为宜。也可施用草坪专用肥,春、秋各施 1 次。用播种机撒施更加均匀(图3-3-13)。施肥后将肥料轻轻耙入土壤,注意不要过深,以免伤及根系。施肥后及时浇透水。

(二)施肥时间与次数

图3-3-13 播种、施肥两用机撒施肥料

每年追肥 3 次,第 1 次在 4~5 月,喷施 0.5% 的尿素,以促进麦冬尽快返青;第 2 次在 8 月上旬,喷施 0.3% 尿素 + 0.2% 磷酸二氢钾;第 3 次在 11 月上旬,撒施草坪颗粒肥 50 g/m^2,以促进块根生长肥大。

环节三：杂草防除

【技能训练】

一、所需物品

小花锄、除草剂、手套。

二、内容及步骤

(一) 人工拔除

当麦冬完全覆盖地表后，杂草很难入侵，杂草防除主要在幼苗期进行，尽量人工拔除，用小铲子通过翻动表层土壤来清除杂草，或用太平剪多次修剪阔叶杂草，每隔半个月或1个月除草1次，促进幼苗早分蘖，多发根。人工除草要做到"除早、除小、除了"，不留种子，不留后患，多年生杂草要连根拔除。

(二) 化学除草

使用化学除草可大大节省人力，尤其是大面积种植的地被植物，但使用除草剂一定要慎重，以免造成地被植物生长不良。一定要根据种植计划和当地杂草植物种类及其对除草剂的反应等，选择合适的除草剂，最好先小面积试用，以免对植物造成不可挽回的伤害。

环节四：病虫害防治

【知识学习】

麦冬常见病害是黑斑病，主要虫害是根结线虫和蛴螬。

一、黑斑病

【症状】受害麦冬叶尖开始发黄变褐，逐渐向叶基蔓延，病健交界处色泽较深；有时叶片上产生水渍状、不同颜色的病斑。发病后期，全叶发黄枯死，严重影响质量。

【发病规律】病原菌在种苗上越冬，翌年4月中旬即开始发病。病害发生发展与雨水关系很大，雨季发病严重。可见到明显的中心病株，并迅速向四周蔓延，在适宜的温、湿度条件下很快流行，成片枯死。

二、根结线虫

根结线虫是一种高度专化型的杂食性植物病原线虫（图3-3-14）。主要危害各种植物的根部，表现为侧根和须根较正常增多，并在幼根的须根上形成球形或圆锥形大小不等的白色根瘤，有的呈念珠状(图3-3-14)。被害株地上部生长矮小、缓慢、叶色异常，结果少，产量低，甚至造成植株提早死亡。

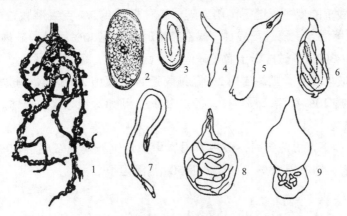

图 3-3-14　根结线虫及其危害状
1. 幼苗根部被害状；2. 卵；3. 卵内孕育的幼虫；4. 性分化前的幼虫；
5. 成熟的雌虫；6. 在幼虫包皮内成熟的雄虫；7. 雄虫；
8. 含有卵的雌虫；9. 产卵的雌虫

三、病虫害防治原则

应坚持"预防为主、科学防控、依法治理、综合防治"的方针，优先采用生物防治、物理防治，科学使用化学防治。使用化学农药时，应执行 GB/T 8321.4—2006。

【技能训练】

一、所需物品

太平剪、杀菌剂、杀虫剂、打药机等。

二、内容及步骤

(一) 麦冬黑斑病

(1) 选择叶色翠绿的健株无病株做种苗。

(2) 及时拔除中心病株，并补上健苗，喷洒 1∶1∶100 的波尔多液，或用 50% 代森锰锌可湿性粉剂 500 倍浇根处理病区。

(3) 发病普遍的地块，可割去病叶 1/3，并加强管理，增施肥料；已重新抽出新苗，喷施 65% 代森锰锌 500 倍液，或 50% 万霉灵 600 倍液，10~14 d 1 次，连续 3 次。

(二) 根结线虫

(1) 在种植时，要选择没有病的种苗，还要注意种苗的根部不要带有虫害。

(2) 新栽植的麦冬，进行土壤处理，在种植前用 5% 克线磷颗粒剂放入土壤里面，与土壤混合，再进行栽种。或在整地时每亩施 20% 甲基异硫磷乳剂或 5% 颗粒剂 250 ~ 300 g，做成毒土撒于畦沟内，翻入土中，可防治线虫。

(3) 已成坪麦冬，则每亩用 2% 阿维菌素 1 kg 喷施 2 ~ 3 次，有效期可持续 1 个月；或穴施 10% 粒满库颗粒剂，每亩 25 kg，可杀灭土壤中虫原体。

(三) 蛴螬

蛴螬等地下害虫危害时，成虫可设置黑光灯进行诱杀或喷洒 50% 辛硫磷乳油 1000 倍液；幼虫用 50% 辛硫磷乳液 500 倍液灌根。

任务三　萱草的养护

【任务描述】

要求对绿地中玉簪进行养护。要求植株生长健壮，无病虫害，花期 5 个月左右，覆盖度达到 100%。根据养护过程和要求制订了养护计划，并根据此计划进行养护过程的实施。

【任务目标】

1. 掌握萱草养护的方法和流程。
2. 学会对萱草进行养护管理的技能。
3. 培养学生吃苦耐劳、团结协作等精神。

【任务流程】

环节一：灌溉与排水

【知识学习】

一、萱草生态习性

性喜阳光、温暖、湿润与半阴，耐干旱，耐寒，华北可露地越冬。对土壤适应性强，喜湿润也耐旱，喜阳光又耐半阴。对土壤选择性不强，但以富含腐殖质，排水良好的湿润土壤为宜。病虫害少，在中性、偏碱性土壤中均能生长良好。

二、萱草的栽培与园林应用

萱草花色鲜艳，抗旱能力较强，栽培容易，且春季萌发早，绿叶成丛极为美观。园林中多丛植或于花境、路旁栽植（图3-3-15）。萱草类耐半阴，又可做疏林地被植物。

图3-3-15 萱草地被

【技能训练】

一、所需物品

铁锹、喷灌设备、微喷带、水泵、皮管、手套等。

二、内容及步骤

（一）灌溉

1. **移栽后浇水**

新苗移栽后，需维持土壤持水量70%~80%，干旱及时浇水。

2. **营养生长期浇水**

营养生长期需水量不大，因此应该根据萱草各生长发育时期对水分的需要，再结合当地的气候、土壤、水源状况灌溉（图3-3-16）。

3. **生殖生长期浇水**

生殖生长期需水量比较大，这时如缺水，将影响开花。花蕾期必须经常保持土壤湿润，防止花蕾因干旱而脱落，一般每隔1周浇水1次。浇水要浇足、浇匀，以早晨和傍晚为好。

4. **灌冻水**

入冬前，北京地区11月中、下旬土壤封冻前应灌冻水，保证翌年发苗早。

图3-3-16 生长期浇水

(二)雨季排水防涝

7~9月降水量大，萱草种植地低凹的情况下，要排水防涝(图3-3-17)。

图 3-3-17　排水防涝

环节二：施肥

【知识学习】

萱草花期长，对氮、磷、钾的需求量比较大，除种植时施足基肥外，还要根据不同发育阶段的需要来施肥。

氮：可促进植株健壮生长。

磷：能促进根系生长，增强分蘖能力，利于从营养生长转入生殖生长，增强萌蕾能力，并促进抗旱、抗寒、抗病，提高品质。

钾：供应充足时，植株组织坚韧，生长健壮，抗病力强，中后期能使花莛抽生整齐粗壮，花蕾发育肥大，萌蕾力增强。

【技能训练】

一、所需用品

肥料、塑料盆、浇水工具等。

二、内容及步骤

(一)施肥时间与次数

栽植的第2年开始适时追肥，全年最好追施3次液肥，第1次在新芽长到约10 cm时施入，第2次是在见到花莛时施入，第3次是在开花后10 d施入。

花前及花期需追肥两次，每次施肥以速效肥为主，配合磷、钾肥，不可偏施氮肥。促使花朵肥大并可达到延长花期的效果。

(二) 施肥种类与施肥量

1. 速效氮肥

可选择尿素，每次施肥量不宜过大，要少量多次施入，每次施肥量 5～10 g/m²。

2. 磷、钾肥

配合喷施 0.2% 的磷酸二氢钾。

环节三：修剪

【技能训练】

一、所需用品

剪枝剪、太平剪、割灌机或剪草机等。

二、内容及步骤

(一) 返青前修剪

春季浇返青水前，需要修剪一次，将枯死的地上部分尽可能剪除。

(二) 花后修剪

花后及时修剪残花，将花葶一并剪除，既避免消耗养分，又可保持萱草群体的美观性。

环节四：病虫害防治

【知识学习】

一、萱草常见病虫害

萱草常见的病害有叶斑病、叶枯病、锈病、炭疽病和茎枯病等。虫害主要有红蜘蛛、蚜虫、蓟马、潜叶蝇等。

二、印度修尾蚜

印度修尾蚜(图 3-3-18)以成蚜或若蚜形态群聚于嫩叶、嫩茎和花蕾上。危害后常引起枝叶变色，叶片褪色、卷曲、皱缩或形成虫瘿花蕾不能正常开花。蚜虫还大量分泌蜜露玷污叶面，不但影响正常的光合作用还常

图 3-3-18　印度修尾蚜

诱发煤污病，使叶片变黑，同时传播植物病毒病和其他病害。蚜虫影响萱草的正常生长，降低其观赏价值，严重时甚至造成植株死亡。

【技能训练】

一、所需物品

太平剪、杀菌剂、杀虫剂、打药机等。

二、内容及步骤

(一)病害防治

(1)秋冬季地上部枯死后，应及时割蔸，并运离绿地外，以减少菌源、虫源。

(2)搞好萱草的追肥、冬培工作，以增强抗病能力。

(3)适时更新复壮老蔸。

(4)选用抗病品种等。

(5)适时用药防治，可用75%的百菌清800倍液喷雾防治。

(二)虫害防治

萱草虫害主要有红蜘蛛、蚜虫、蓟马、潜叶蝇等。其中印度修尾蚜危害较重(图3-3-19)，防治方法：

冬春两季铲除园中杂草，发生较重时将剪掉的虫枝带至园外，集中烧毁。

植物萌芽期，即越冬卵孵化高峰期，喷药防治。可喷施10%吡虫啉可湿性粉剂3000倍液；50%辟蚜雾乳油3000倍液；2.5%溴氰菊酯乳油2000倍液。

图3-3-19 印度修尾蚜为害萱草状

(三)萱草日灼病防治

北京的7月至8月，萱草叶片受到高温或太阳照射后，叶片边缘、叶柄部或中间部分因高温导致组织死亡，外观表现为灼伤部位枯黄(图3-3-20)。

防治方法：

高温期喷水降温：进入高温期，为减少高温对萱草的危害，可以在10：00前或在17：00以后喷水降温，减少

图3-3-20 萱草日灼病

日灼。

高温期避免施纯氮肥，应叶面喷施磷酸二氢钾，增强萱草的抗病能力。

任务四　玉簪的养护

【任务描述】

要求学生对玉簪进行养护。要求植株生长健壮，无病虫害，花期5个月左右，覆盖度达到100%。根据养护过程和要求制订养护计划，并根据此计划进行养护过程的实施。

【任务目标】

1. 掌握玉簪养护的方法和流程。
2. 学会对玉簪进行养护管理的技能。
3. 培养学生吃苦耐劳、团结协作等精神。

【任务流程】

灌溉与排水 ⇒ 施肥 ⇒ 修剪 ⇒ 病虫害防治

环节一：灌溉与排水

一、玉簪生态习性

玉簪属于典型的阴性植物（图3-3-21），喜阴湿环境，受强光照射则叶片变黄，生长不良，喜肥沃、湿润的砂壤土，性极耐寒，中国大部分地区均能在露地越冬，地上部分经霜后枯萎，翌春宿萌发新芽。忌强烈日光暴晒。

图3-3-21　玉簪

图3-3-22　林下玉簪的应用

二、玉簪的栽培与应用

玉簪生长于林下、草坡或岩石边（图3-3-22）。各地常见栽培，公园尤多，供园林观赏。对土壤要求并不十分严格，如果有条件，要求土层深厚，排水良好，选用富含腐殖质的沙质壤土效果最好。

【技能训练】

一、所需用品

铁锹、喷灌设备、微喷带、水泵、皮管、手套等。

二、内容及步骤

(一)灌溉

1. 春季浇春水

北京地区，春季当土壤开始解冻时，萱草萌发前浇一次春水，促进新枝的生长发育。

2. 生长期浇水

萱草春季萌发后，北方地区由于春季干旱少雨要经常浇水，1~2周浇一次水，防止干旱发生。进入雨季可根据气候条件来确定浇水次数。雨量充沛，可不用浇水；雨量不足，两周浇一次水。浇水后要中耕，疏松土壤，以利生长。

3. 入冬前封冻水

11月中、下旬，在土壤封冻前浇一次封冻水。冬季不浇水。

(二)排水

雨后注意及时排水。防止根系因缺氧而腐烂，导致叶片变黄。

环节二：施肥

【知识学习】

一、经济施肥量

确定施肥量是否合理是合理施肥中的一个核心问题。它不仅关系到作物能否增产，而且也与经济效益和环境保护密切相关。经济施肥量是种植者从施肥中获得预期最高经济效益，并且对环境无影响的合理施肥量。

二、最大施肥量

农作物获得最高产量的施肥量,超过此施肥量,产量可能降低。最大施肥量不一定是最经济的施肥量。

【技能训练】

一、所需用品

肥料、塑料盆、施肥工具、浇水工具等。

二、内容及步骤

(一) 基肥

玉簪对肥料需求不多,栽植前需施足底肥,以施入腐熟的有机肥和氮磷复合肥为宜。有机肥施用量 5~10 kg/m^2,磷酸二铵为 40~50 g/m^2 作基肥。

(二) 追肥

春季发芽期和开花前可施氮肥,5月可施稀薄肥一次,如 1 次 0.3% 的尿素。施肥后浇水、中耕除草,促进叶绿花茂。7 月玉簪开始开花,植株抽生花葶后可以施 0.5% 磷酸二氢钾,这样花朵会开放得更好。如生长过程中施肥过多,特别是施浓肥或生肥,更易造成叶片发黄、脱落。因此,水肥要适量,这样才能生长茁壮,叶碧绿,花浓香。

环节三:修剪

【技能训练】

一、所需物品

剪草机、修枝剪等。

二、内容及步骤

(1) 8 月:玉簪正处于花期,因此需要剪掉枯萎的花朵以及枯黄的叶片,以免影响观叶及养分消耗;

(2) 9 月:玉簪开花结束,要剪去残花枯葶;

(3) 11 月:需要留下玉簪的根状茎和休眠芽露地越冬;

(4) 12 月:要将地面上部的枯叶剪除,根部覆盖上细土,以防止风寒。

环节四：病虫害防治

【知识学习】

一、玉簪斑点病

【症状】主要危害叶片，且多从老叶上叶尖或叶缘开始发病。初呈褪绿小斑点，后逐渐扩大呈半圆形至不规则形成片大斑，大小 5~20 mm，边缘青褐色缘青褐色，界限不太明显，中间呈灰白色，后期斑上密生黑色小粒点。严重时病斑汇合连片，导致叶片枯黄。

【发生规律】高温高湿条件易导致病害发生。该病发病的适宜温度为 22~28℃，相对湿度85%以上。但高温干旱而夜间结露的情况下，也易发病。此外，缺肥、缺水，或大水漫灌，生长不良等都容易发病。

二、玉簪叶片发黄原因

(一) 干旱少水

玉簪喜水不耐干旱，生长期注意浇水，长期给水不足叶易枯黄，如环境过于干燥。

(二) 浇水过量

在栽培过程中，如浇水过量而排水不良时，根系因缺氧而腐烂，导致叶片变黄。雨季要及时排水。

(三) 施肥过多

如生长过程中施肥过多，特别是施浓肥或生肥，更易造成叶片发黄、脱落。

(四) 光线太强

玉簪为喜阴植物，不耐强烈光照直射，尤其是夏季，受到强光直射，轻者叶片由厚变薄，叶色由翠绿变为黄白色，生长不良；重者叶片发黄甚至叶缘出现枯焦的病斑。

【技能训练】

一、所需物品

太平剪、杀菌剂、杀虫剂、打药机等。

二、内容及步骤

(一)玉簪日灼病

玉簪日灼病是一种常见的生理病害,玉簪叶片受高温伤害的一种现象(图 3-3-23)。夏秋高温干旱季节,日光直射裸露的叶片上,使表面温度达 40℃以上时,即可引起灼伤,在叶片上形成中间白色,周边发黄的病斑或出现叶缘焦枯的现象。

防治方法:修剪掉发病严重的叶子,在夏季做遮阴处理,忌太阳直晒。

图 3-3-23　玉簪日灼病

(二)玉簪叶斑病防治

1. 加强管理

施足肥料,培育壮苗,防雨遮阴,定植后适时浇水,防止大水漫灌。及时清除病残体。发病初期,及时摘除病叶。

2. 化学防治

(1) 65% 代森锌可湿性粉剂 500 倍。

(2) 75% 百菌清可湿性粉剂 500 ~ 800 倍。

(3) 50% 代森铵 800 ~ 1000 倍,每 5 ~ 7 d 喷一次,共喷 2 ~ 3 次。

任务五　德国鸢尾的养护

【任务描述】

德国鸢尾需要养护。要求植株生长健壮,无病虫害,花期 5 个月左右,覆盖度达到 100%。根据养护过程和要求制订养护计划,并根据此计划进行养护过程的实施。

【任务目标】

1. 掌握德国鸢尾养护的方法和流程。

2. 学会对德国鸢尾进行养护管理的技能。

3. 培养学生吃苦耐劳、团结协作等精神。

【任务流程】

灌溉与排水 ⇒ 施肥 ⇒ 修剪 ⇒ 病虫害防治

环节一：灌溉与排水

一、德国鸢尾对生境的要求

德国鸢尾喜温暖稍湿润和阳光充足的环境。根茎粗壮、适应性强、喜光充足、喜肥沃、适度湿润、排水良好、含石灰质和微碱性土壤、耐旱性强。

二、德国鸢尾的栽培与应用

在园林方面主要被应用于花坛栽培、花境栽培、基础栽培、地被栽培等（图3-3-24）。德国鸢尾由于其各种吉祥美好的寓意，在花市上也深得消费者喜爱。

图 3-3-24　德国鸢尾

【技能训练】

一、所需用品

铁锹、喷灌设备、微喷带、皮管、手套等。

二、内容及步骤

（一）灌溉时间

1. 栽后浇水

若土壤较为湿润，不宜马上浇水，待 3~5d 根茎伤口稍干燥后再进行适度浇水。

2. 春季灌溉

春季干旱地区，萌芽生长至开花阶段应保持土壤适度潮湿，以保证花、叶迅速生长发育对水的需要。

3. 花后浇水

花应保持土壤适度潮湿即可，不必特殊供水。

(二)灌溉方式

灌溉方式应采用喷灌或人工喷水的方式,使圃地保持湿润,降低地表温度,防止德国鸢尾叶尖及叶片上部失水变干发白,还可防止日灼危害。

(三)雨季排水

雨季要注意排水,为了使过多的水分快速排除,应配置功能良好的排水系统。以免导致根茎的腐烂。夏季降雨较多的地区应高畦(高垄)种植,并注意排涝。

环节二:施肥

【技能训练】

一、所需物品

肥料、塑料盆、浇水工具等。

二、内容及步骤

(一)施肥时期

生长期春秋各一次。花后也可增施一次。

(二)施肥种类及施肥量

1. 春季

用腐熟的有机肥 $5\sim7\ kg/m^2$,尿素 $10\ g/m^2$,过磷酸钙 $15\ g/m^2$,(N:P = 2:1),施肥后将肥料轻轻耙入土壤,注意不要过深,以免伤及根系。施肥后及时浇透水。

2. 花后

用3‰磷酸二氢钾喷施或灌根。

3. 秋季

用腐熟的有机肥 $8\sim10\ kg/m^2$,过磷酸钙 $15\ g/m^2$、硫酸钾 $5\ g/m^2$ 混合后作追肥。

环节三:修剪

【技能训练】

一、所需物品

剪枝剪、手套等。

二、内容及步骤

(一)修剪时间

德国鸢尾每年花后需要进行修剪。及时剪去残花和花葶(图3-3-25)。

(二)修剪方式

花后用修枝剪从花葶基部剪掉。

环节四:病虫害防治

【知识学习】

一、细菌性软腐病

图3-3-25　德国鸢尾的残花

细菌性软腐病是德国鸢尾最常见的一种病害。受侵染的根状茎软腐,发出恶臭气味。细菌经伤口进入植物体内。鸢尾钻心虫幼虫在幼叶上造成的伤口、地下害虫造成的伤口及分栽根茎时形成的伤口等均为细菌开辟了门户。

二、细菌性软腐病发病期

北方地区的发病期主要在盛夏的高温、高湿的多雨季节,土壤水分过多也可造成根茎腐烂。软腐病可以在移栽后或新鸢尾苗上很快发生,也可在成丛移栽的植株上发生。

三、灰巴蜗牛

属软体动物门腹足纲柄眼目蜗牛科。7月危害严重,将叶片咬成不规则的孔洞或缺刻,严重时将叶片吃花,只剩叶脉。蜗牛的足腺体会分泌黏液,爬过的叶茎上留有带状银灰色痕迹。

【技能训练】

一、所需物品

太平剪、杀菌剂、杀虫剂、打药机等。

二、内容及步骤

(一)细菌性软腐病的防治

1. 症状

德国鸢尾受害后,从根茎扩展到叶。根颈软腐,有恶臭;叶水渍状软腐,污白色到暗绿色立枯,地上部植株容易拔起。

2. 防治方法

(1)选择较抗病品种种植。

(2)在挖掘时避免根部受伤。

(3)发现有病株及时拔除,病根及时剔除,更换新土。加强栽培管理,合理密植,保持适当的温湿度,减少病害的发生。

(4)化学防治:发病初期可用1000倍的链霉素或链霉素加土霉素(10∶1)的混合液进行喷洒,连喷2~3次,效果较好。发病后,每月喷洒1次农用链霉素1000倍液,能控制病害蔓延。还可以使用四环素、土霉素等霉素类药剂防治细菌性病害。

(二)钻心虫的防治

1. 症状

鸢尾钻心虫幼虫在幼叶上造成的伤口为细菌开辟了门户,使鸢尾易感细菌性软腐病。对鸢尾钻心虫的防治,可减少病害的发生。

2. 防治方法

喷洒50%马拉硫磷乳油1000~2000倍液或2.5%溴氰菊酯乳油2000~3000倍液杀虫剂防治鸢尾钻心虫的危害。。

(三)灰巴蜗牛的防治

1. 人工捕杀

雨后人工捉虫(图3-3-26)。

2. 化学防治

(1)危害期喷1500倍菊杀乳油。

(2)傍晚在蜗牛常活动的地方撒施涡稞星颗粒剂。均匀撒施,只要蜗牛爬过均可杀死,药效快。第二天观察无虫,见效快。涡稞星颗粒剂1000 g可施200 m²,每袋180 g。

图3-3-26 灰巴蜗牛

单元小结

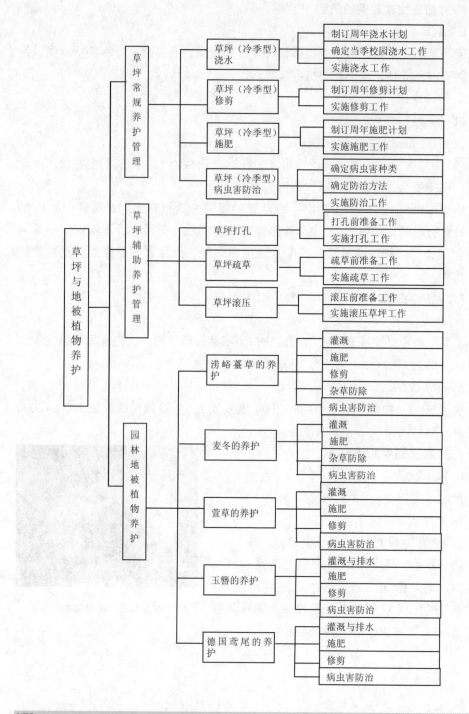

单元练习与考核

单元练习

一、基本概念

1. 浇水强度
2. 返青水
3. 无机肥

二、填空题

1. 北京地区 11 月中、下旬草坪草开始停止生长。一半以上叶片开始变黄，此时土壤还未冻结，在此时浇水叫作_____。此次浇水深度至少达到_____mm。

2. 浇水时间的确定方法有_____、_____。

3. 冷季型草坪秋季修剪一般一般 1 周修剪_____次，留茬高度调整为____cm。但为了使草坪有足够的营养物质越冬，在晚秋修剪次数应逐渐_____。

4. 启动手推式剪草机时，在_____的地方启动机器，当离开剪草机时，要立即_____，发动机发热时，禁止向_____。

5. 同一草坪，每次修剪如果从同一方向、路线往返进行，草叶会_____生长，会导致草坪草_____，并出现_____。

6. 有机肥特点是含有大量的_____和_____，养分全面，肥效缓慢，其来源广泛，价格低廉，制造简便，种类多，改土培肥效果好。

7. 草坪返青后，施肥_____次。____月下旬第一次施肥，_____月第二次施肥。

8. 根据肥料的剂型和草坪植物的需求情况，通常可采取_____、_____以及_____三种方法。

9. 细菌所致病害的症状常是_____、_____，少数引起肿瘤。细菌害的病斑周围常呈____状或____状，病斑上有时出现的胶状物称为细菌溢脓或称菌脓，是细菌性病害的重要标志。

10. 喷施农药应在_____天气施药，不能逆风。夏季高温季节，每天_____时间不能喷药，施药人员每天喷药时间一般不能超过____小时。

11. 玉簪日灼病是一种常见的_____病害，夏秋高温干旱季节，日光直射裸露的叶片上引起灼伤，在叶片上形成_____的病斑或出现叶缘_____的现象。

12. 德国鸢尾喜_____的环境。根茎粗壮、适应性强，喜_____的土壤，耐旱性强。

三、选择题

1. 下列选项中，哪项不是浇水的作用(　　)。
   A. 能提高茎叶的韧度　　　　　　B. 促进草坪对养分的吸收
   C. 减少化肥及农药的危害　　　　D. 促进草坪休眠

2. 草坪返青后，北京地区春季一般(　)周浇一次水，夏季一般每周浇水(　)次，每次浇水深度 10~15 cm。
   A. 3~4、1~2　　　　　　　　　B. 1~2、1~2
   C. 3~4、3~4　　　　　　　　　D. 1~2、3~4

3. 北京地区 11 月中、下旬气温下降到____℃以下，草坪草开始停止生长。一半以上叶片开始变黄，此时土壤还未冻结，在此时浇水叫作"封冻水"。
   A. 10　　　　B. 15　　　　C. 5　　　　D. 0

4. 秋季也是冷季型草坪的生长高峰期，一般 1 周修剪一次，留茬高度逐渐调整为____cm。但为了使草坪有足够的营养物质越冬，在晚秋修剪次数应逐渐减少。
   A. 7~8　　　　B. 9~10　　　　C. 2~4　　　　D. 10~12

5. 在修剪时，同一块草坪，每次修剪如果在同一地点、同一方向多次重复修剪，易造成草坪退化和发生草叶趋于(　　)。
   A. 不同方向的反向生长　　　　B. 同一方向的定向生长
   C. 逆生长　　　　　　　　　　D. 退化

6. 人工撒施肥料需是(　　)肥料，适用于区域较小地段，或是不规则不平坦地段。
   A. 干性的颗粒状　　　　　　　B. 干性的粉状
   C. 水状　　　　　　　　　　　D. 乳液状

7. 为了避免灼伤叶片，提高肥效，施肥后及时(　　)。
   A. 修剪　　　　B. 喷药　　　　C. 滚压　　　　D. 灌溉

8. (　　)促使作物生长健壮、茎秆粗硬，增强对病虫害和倒伏的抵抗能力；促进糖分和淀粉的生成。

A. 氮肥　　　　B. 磷肥　　　　C. 钾肥　　　　D. 尿素
9. 施肥作业时，下列操作有误的是(　　)。
A. 过磷酸钙不可与碳酸氢铵混合使用　　B. 黏土多施重施
C. 施肥前不能修剪草坪　　　　　　　　D. 土壤不能太潮湿
10. 下列不属于北京地区草坪常见病害有(　　)。
A. 褐斑病　　B. 夏季斑枯病　　C. 腐霉枯萎病　　D. 螨类
11. 下列可以通过食蚜蝇或蚜小蜂控制的虫害是(　　)。
A. 斜纹夜蛾　　B. 蚜虫　　　　C. 草地螟　　　　D. 地老虎

四、思考题

1. 简述草坪修剪的功能。
2. 草坪修剪的原则是什么？
3. 北京地区草坪施肥各季节特点是什么？
4. 简述北京地区常见病害种类及其危害状。
5. 简述北京地区常见虫害种类及其特征。
6. 草坪打孔的作用是什么？
7. 简述不同时期进行滚压的作用。
8. 简述涝峪薹草的生态习性和修剪时间。
9. 简述麦冬草的生态习性和修剪时间。
10. 试制订麦冬草坪全年养护方案。

单元考核

一、考核评分表

草坪与地被植物养护考核评分表

任务一	浇水	修剪	施肥	病虫害防治	
分值	10	10	10	10	
任务二	打孔	疏草	滚压		
分值	8	8	8		
任务三	涝峪薹草养护	麦冬养护	萱草养护	玉簪养护	德国鸢尾养护
分值	8	7	7	7	7

二、考核内容及评分标准

草坪常规养护过程考核内容及标准

一、制订草坪常规养护工作计划(20分)

1. 独立制订草坪常规养护计划，完整、准确。(16~20分)
2. 独立制订草坪常规养护计划，较完整、准确。(12~15分)
3. 需要他人指导制订草坪常规养护计划，较完整、准确。(6~11分)
4. 无法完成制订草坪常规养护计划。(6分以下)

二、草坪常规养护实施，包括工具的使用(浇水设备、割草机、施肥机、打药设备)及完成质量：(20分)

1. 熟练使用常规养护工作中的工具，按时完成任务，养护区域达到养护标准。(16~20分)
2. 较熟练使用常规养护工作中的工具，按时完成任务，养护区域基本达到养护标准。(12~15分)
3. 使用常规养护工作中的工具，但不熟练。按时完成任务，但养护区域未达到养护标准。(6~11分)
4. 不会使用常规养护工作中的工具，无法完成任务。(6分以下)

草坪辅助养护过程考核内容及标准

一、制作草坪辅助养护(打孔、疏草、滚压)工作计划(12分)

1. 独立判断草坪是否需要辅助养护，正确判断并能独立制订工作计划，完整准确。(11~12分)
2. 独立判断草坪是否需要辅助养护，正确判断并能独立制订工作计划，但不完整准确。(9~10分)
3. 不能独立判断草坪是否需要辅助养护，但经过指导可以正确判断并能制订工作计划。(6~8分)
4. 无法判断草坪是否需要辅助养护工作，不能制订工作计划。(6分以下)

二、草坪辅助养护实施，包括工具的使用(打孔机、疏草机、滚压机)及完成质量(12分)

1. 熟练使用辅助养护工作中的工具，按时完成任务，养护区域达到养护标准。(11~12分)
2. 较熟练使用辅助养护工作中的工具，按时完成任务，养护区域基本达到养护标准。(9~10分)

3. 使用辅助养护工作中的工具，但不熟练。按时完成任务，但养护区域未达到养护标准。(6~8分)

4. 不会使用辅助养护工作中的工具，无法完成任务。(6分以下)

园林地被植物养护过程考核内容及标准

地被植物(涝峪薹草、麦冬、萱草、玉簪、德国鸢尾)养护实施，包括灌溉、施肥、修剪、杂草防除、病虫害防治等养护过程及完成质量(36分)：

1. 熟悉常见地被植物种类，可以独立进行养护管理，养护工作安排合理，实施顺利，按时完成任务，养护区域达到养护标准。(31~36分)

2. 较熟悉常见地被植物种类，大半部分养护管理工作可以独立完成，实施较顺利，按时完成任务，养护区域达到养护标准。(24~30分)

3. 不够了解地被植物种类，不能独立进行养护管理，实施过程较顺利，按时完成任务，养护区域基本达到养护标准。(10~23分)

4. 不够了解地被植物种类，不能独立进行养护管理，实施过程不顺利，未按时完成任务。(10分以下)

单元四
草坪与地被植物的园林应用

单元介绍

草坪与地被在植物景观中往往起到衬托的作用，它们能够弥补乔灌木季节性景色欠佳的缺陷，也能使植物景观的层次、色彩更加丰富，是植物景观的点睛之笔。草坪与地被已经逐渐受到人们的喜爱，应用也越来越广泛。

本单元分两个项目，分别为草坪的园林应用和地被植物的园林应用。草坪的园林应用分为两个任务，分别为草坪设计与施工和缀花草坪设计与施工；地被植物的园林应用分为两个任务，分别为花境设计与施工和花带设计与施工。

单元目标

知识目标：
1. 掌握草坪景观、地被景观的相关知识。
2. 掌握草坪、缀花草坪、花境、花带的设计方法。
3. 掌握草坪、缀花草坪、花境、花带的施工程序和施工方法。

能力目标：
1. 能够完成草坪的设计与施工。
2. 能够完成缀花草坪的设计与施工。
3. 能够完成单面观花境的设计与施工。
4. 能够完成花带的设计与施工。

素养目标：
1. 具备安全施工、规范操作、节约成本的意识。

2. 具备能吃苦耐劳、细心的职业素养。
3. 培养团队精神。

项目一　草坪的园林应用

通过完成草坪、缀花草坪的设计与施工，学习相关的概念以及草坪的排水系统、灌溉系统等相关理论知识；熟悉其施工流程。

任务一　草坪设计与施工

【任务描述】

要求在校园绿地进行草坪景观设计与施工，并写出设计与施工方案。设计方案要求有草坪形状、草种组合、坪床结构、排灌方式等内容，并根据方案完成校园绿地草坪景观设计与施工任务。

【任务目标】

1. 掌握草坪的设计方法。
2. 掌握草坪的施工方法。
3. 能够正确进行草坪苗期管理。
4. 能够团队协作完成草坪的设计和施工。
5. 培养按照标准、规范、安全操作的职业素养。

【任务流程】

环节一：草坪设计

【知识学习】

一、草坪的景观作用

草坪以其色泽均匀、表面平滑、质地良好和开阔平坦，是园林造景的主要材料之一。草坪与亭台楼阁、山石、水体、树木及花卉映衬组合，可形成优美的景观效果。以草坪作背景的雕塑、喷泉和花坛，显出生机盎然和具有动感。

二、草坪分类

目前国内外还没有统一的草坪分类标准，可根据草坪的功能和组成来分类。

(一) 按照组成分类

1. 单一草种草坪

指由一种草坪草种或品种所建植的草坪。其特点是具有明显的单一性、高度、色泽、质地方面均匀一致。常用作观赏草坪布置在公园、广场、庭院或填充花坛衬托草木或灌木花卉。

2. 混合草种草坪

指由多种草坪草或品种建植的草坪。混合草坪也称混栽草坪。这类草坪从建植到成坪，充分发挥各种草坪草的优势和特点，如夏季生长好的草与冬季抗寒性强的草品种混合；宽叶草种和细叶草种混合；耐踏踩的品种与耐修剪的混合。混合栽培不仅能延长草坪草的绿色观赏期，而且能提高草坪的使用效果和防护功能。

3. 缀花草坪

缀花草坪是草坪铺设的一种新形式，是在以禾本科植物主体的草坪上，配置一些观赏性强的多年生草本观花植物。例如，风信子、洋水仙、鸢尾、石蒜、葱兰、韭兰、萱草、红花酢浆草、郁金香、紫花地丁、野豌豆等。这些植物的种植数量，一般不超过草坪总面积的 1/3，按照景观效果需要在草坪上疏密有致、自然错落图案流畅自由地点缀一些花色醒目艳丽的草本花卉。草本观花植物在草坪中，可以规则式配置，组成一定的几何图案或文字，也可以自然式配置。缀花草坪改变了草坪的单一性，提高了观赏价值。多用于游憩草坪、观赏草坪。这些开花植物常布置在草坪上的景石、树丛、树群、树节的边沿或在大片草坪上作为远景。

(二) 按照应用分类

1. 观赏草坪

供人们进行园林景观欣赏的草坪。此类草坪不允许人们入内踏踩。观赏草坪，从园林布景的整体出发，多用于公园、游园、居民小区、街路、广场、雕塑及喷泉等处。观赏草坪一般要求低矮、茎叶细密。

2. 游憩草坪

用于供人们散步、休闲、游玩及户外活动的草坪。此草坪多布置于公园、居住小区、庭院及文化休闲广场。这类草坪要求是除了外观要求平整漂亮外，还应要求有耐踏踩和较强的恢复能力。休闲游憩草坪，除了与人们直接接触外，外观的色彩、形状也是要使人觉得宁静、舒服的心理感觉。

3. 防护草坪

指建于坡地、水岸、堤坝、公路和铁路边坡等处，用于固土护坡、防止水土流失的草坪。这类草种的选择，通常要求根系发达、匍匐生长、覆盖度大、草丛茂密，特别要求抗逆力强、适应性广。

4. 运动场草坪

供体育活动用的草坪，如足球场草坪、高尔夫球场草坪、橄榄球场草坪、网球场草坪及垒球场草坪等。建植此类草坪要求耐踏、耐修剪和极强的恢复能力。同时还应考虑草坪的弹性、硬度、摩擦性及其他方面的性能。

5. 机场草坪

指建植于停机坪和机场建筑设施之外空地的草坪。机场草坪的作用大致有防止雨水冲刷，减少扬尘，提高能见度，保持良好环境。建坪要求草坪平坦、坚实、密生、高弹性、粗放管理，应选用繁殖快、抗逆性强、耐干旱、耐瘠薄、耐践踏的草种。

三、草坪草应具备的条件

草坪有观赏、运动、休闲活动等多种用途。草坪草应适应草坪各种用途的要求，具备如下条件：

(1) 软硬适宜、弹性好。

(2) 匍匐型或丛生型生长，易形成以叶为主体的草坪层面，使草坪整体颜色均一。

(3) 生长旺盛，再生能力强，修剪后恢复快。

(4) 对寒冷、干旱、强光、炎热、酸碱、水渍、践踏、污染等不良环境有很强的适应性。

(5) 繁殖力强，结实率较高，易收获，种子发芽能力强，易于直播建坪，能进行营养繁殖，易于建造大面积的草坪。

(6) 无刺无毒，无不良气味，叶汁不易挤出。

【技能训练】

一、所需用品

设计工具等。

二、内容及步骤

根据设计任务书，进行草坪设计工作。包括图纸和文字材料。

(一)草坪形式设计

草坪设计形式有自然式、规则式和混合式3种草坪。

1. 自然式草坪

草坪中及周围布置的植物都是自然式的，轮廓弯曲自然，地形亦为起伏自然。草坪周围的景物、道路、水体和草坪周沿轮廓线均为自然式。多数空旷草坪、游憩草坪、缀花草坪和疏林、林下草坪均为自然式草坪。公园常有不对称的建筑群、土山、自然式树丛及林带、道路的平面和剖面为自然起伏且曲折所形成的平面线和竖曲线组成。

2. 规则式草坪

地形平整，呈几何形状的坡地上、庭院中的草坪，或与其相配合的道路、小径、树木等布置均为规划式时，称为规则式草坪。一般足球场、网球场、飞机场、纪念堂馆、规则式公园、广场、机关单位的庭园及街路上的草坪，多为规则式草坪。一般用于以各种轴线为中心的几何轮廓绿地，或公园入口、广场，多作观赏草坪。

3. 混合式草坪

许多规则中包含自然、自然与规则有机结合的形式——混合式草坪。

(二)草坪形态设计

草坪设计形态包括点状、块状、条状、曲线状草坪。

1. 点状草坪

点状草坪面积较小，一般只有 50~100 m^2，甚至更少(图4-1-1)。

2. 块状草坪

块状草坪是公园、广场等休闲活动的主要场所，具有一定的规模(图4-1-2)。

3. 条状草坪

条状草坪多用于道路两旁或河岸两侧(图4-1-3)。

4. 曲线状草坪

曲线状草坪多用于弯曲的溪流彼岸、不对称的人行道两侧(图4-1-4)。

图 4-1-1　点状草坪

图 4-1-2　块状草坪

图 4-1-3　条状草坪

图 4-1-4　曲线状草坪

(三) 草坪草种设计

设计草坪草种时，考虑草坪草种的形态特征的同时还要考虑草种的生长习性，选择适合在北方和过渡地带生长的草坪草种有草地早熟禾、多年生黑麦草、高羊茅、匍匐翦股颖、细弱翦股颖等；适合在南方和过渡地带生长的有狗牙根、结缕草、野牛草等。草种通常需要具有密度高、均匀一致、耐践踏、耐低修剪、较强的抗逆性等特点。

环节二：草坪施工

【知识学习】

一、排水系统

排水类型可分为两类，即地表排水和地下排水。

（一）地表排水

依地形合理划分排水区域，汇集到排水井。汇集面积不宜过大，尽量减小地表径流。分水岭设计以原地形为基础，避免直硬线条。分水线的平面和立面投影最好都是平滑的曲线，这样的坪床才更优美、自然。

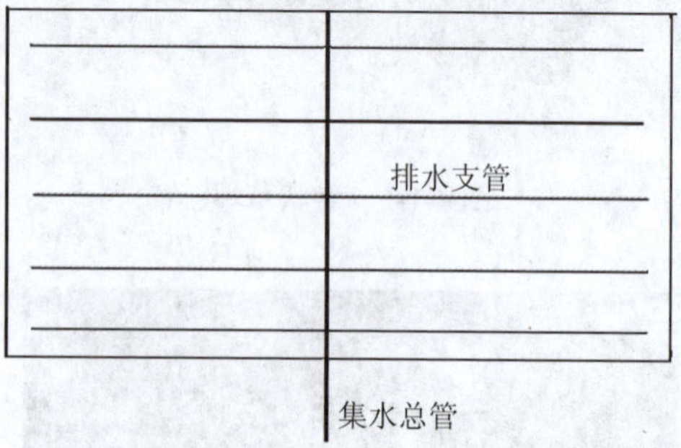

（二）铺设排水管道

排水管的布设形式主要是平行布设（图4-1-5）和鱼骨形布设（图4-1-6）两大类型。最理想的排水系统是按鱼脊式铺设排水管道，这样形成了一个密布排水网的综合排水系统。主管、支管、侧向管、集水井可分别采用不同口径的多孔管，各排水管铺设深度在地面以下 0.5~1 m 处，多孔管四周铺放砾石，砾石上填上粗砂，其上要有至少 15~20 cm 厚的种植层，大量多余的水能通过表面、根层、心土层，多层次流向排水管，渗水、排水效果最好。

图 4-1-5　平行布设排水系统

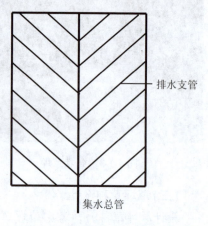

图 4-1-6　鱼骨形布设排水系统

二、灌溉系统

草坪灌溉系统可归纳为以下 3 种形式：

（一）人工浇灌

主要是用软管的方式浇水。其水源是用自来水，或是用动力在自然水源中抽水引入坪床。

(二) 地面漫灌

主要是用引水或动力抽水等方式,将水引入坪床,进行地面漫灌。地面漫灌的缺点是会使土壤板结,影响草坪草的生长。

(三) 喷灌

草坪喷灌应用的较多,尤其是景观草坪、运动草坪已基本采用。喷灌的形式有 3 个基本类型,即固定式喷灌系统(图 4-1-7)、半固定式喷灌系统和移动式喷灌系统。

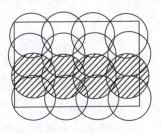

图 4-1-7　固定式喷灌

【技能训练】

一、所需用品

草坪种子、播种机、钉齿耙、铁锹等。

二、内容及步骤

(一) 清理场地

在场地的树木都必须清除掉。

(二) 粗平整

按照设计图和现场的定桩,用对需要填方或挖方的区域进行原始的土地平整、造型。在表土 15 cm 以上的石块、树桩、树根尽可能地清理。在填方的区域,一定要做好压实工作。

(三) 排水

在北方和干旱区域,一般仅采用地表排水。依地形合理划分排水区域,汇集到排水井。汇集面积不宜过大,尽量减小地表径流。分水岭设计以原地形为基础,避免直硬线条。分水线的平面和立面投影最好都是平滑的曲线,这样的坪床才更优美、自然。

(四) 灌溉

采用固定式喷灌。也可采用移动式微喷带喷灌(图 4-1-8)。

图 4-1-8　微喷带灌溉

(五)细平整与土壤准备

1. 细平整

由于排水、灌溉工程对整个种植区的开挖和回填,原有的造型会受到破坏。一般在完成排水喷灌工程后,用小型造型机、耙拖机将整个区域重新细致浅推、耙、拖,使地表能有一个平顺的造型出现。

2. 土壤准备

土壤准备有两种类型。一是利用现有的地表土,根据土壤分析结果,将有机肥、调整pH值的农用石灰或硫黄施入土层,只需浅耕、平耙、拖顺、清理地面上各种杂物、石头,最终使表土平整、顺畅,有良好的表面排水造型;二是在原土上铺放5~10 cm的新土作为种植层,新土有纯沙、沙+有机质、肥沃的腐殖土等多种类型。

(六)草坪建植

1. 播种

用种子播种建植草坪是最理想的方式,因为便于控制草种组成和密度,缺点是成坪时间较长,幼苗期管理技术要求较高。草坪常用草坪草的播种量可参考下表(表4-1-1)。

表4-1-1 草坪草的单播量标准

草种	单播量(g/m^2)	千粒重(g)
多年生黑麦草	20~25	1.50
草地早熟禾	15~20	0.37
高羊茅	30~35	2.51
普通狗牙根	5~7	0.10
匍匐翦股颖	7	0.10

用撒播机进行,播种均匀、快速、成苗一致。为确保均匀,播种通常需要进行米字形交叉2~4次。

2. 镇压

适度镇压可促使种子与土壤充分接触,利于种子萌发。

3. 覆盖

对播种建植的草坪来说,稳定土壤中的种子,防止暴雨或浇灌的冲刷,避免地表板结和径流,使土壤保持较高的渗透性;抗风蚀;保持土壤水分;调节坪床地表温度,防止幼苗暴晒,增加坪床温度,促进发芽。覆盖在护坡和反季节播种及北方地区尤为重要。

(1)选择覆盖材料：北方地区多使用秸秆、草帘、草袋、锯末进行覆盖。

(2)覆盖厚度：秸秆覆盖不应过厚，覆盖后的遮阴面积达 2/3 即可，覆盖后用竹竿压实或用绳子固定，以免被风吹走。

(3)覆盖物的揭除：北方地区覆盖主要起保水、防冲刷等作用，待苗出齐后必须揭去覆盖物，以免影响光合作用，在夏季不宜过早，以免高温回芽，选择在阴天或晴天的傍晚揭除覆盖物。

环节三：种植后养护

【知识学习】

一、草坪苗期修剪时间

当幼苗有50%达到或高于 10 cm 开始修剪较好．草坪修剪时，剪掉的部分不能超过草坪草自然高度(未剪前的高度)的 1/3。

二、草坪的杂草防除

新建草坪杂草应尽早进行人工拔除，随时拔除。在草坪成坪前一般不用化学除草。在三片叶长出之前，不能进行化学防除。最好草坪草第四叶全展开后进行化学除草。

【技能训练】

一、所需用品

浇水设备、肥料、剪草机、喷雾器。

二、内容及步骤

(一)浇水

(1)在播种前 24~48h 将坪床浇一遍透水，待坪床稍干燥，用钉耙重耙后再播种，这样可增加底墒，从而避免播后大量浇水造成冲刷和土壤板结。

(2)播种后至苗出齐阶段的浇水，以喷灌为好，喷水强度要小，以雾状喷灌为好，以免造成种子移动，出苗不匀，或对幼苗造成机械损伤。

(3)夏季温度较高时，中午不要浇水，因为这样容易造成烧苗，最好在清早或傍晚太阳落时浇水。

（二）追肥

1. 施肥时间及次数

在施足基肥的基础上，草坪草出苗后及时施好分蘖、分枝肥。以速效肥为主。如尿素 5 g/m² 左右撒施，施后结合喷灌或浇水以提高肥效和防灼伤。

2. 施肥量

追肥施用量宜少不宜多，以"少量多次"为原则；施肥一定要保证均匀，否则会引起草坪草生长不均，叶色深浅不一，影响外观。施肥量以施氮肥 5 g/m² 左右为宜。

（三）修剪

依据草坪的种类和计划管理强度，草坪在草高 8～10 cm 时，开始第一次修剪。

注意事项：

（1）如果修剪时土壤潮湿，剪草机容易在草坪上压出沟或把草坪草幼苗连根拔起，因此在修剪前应减少浇水，等土壤干燥、紧实后再修剪。

（2）修剪不能伤害根颈，否则会因地上茎叶生长与地下根系生长不平衡而影响草坪草的正常生长。

（3）剪草机的刀片一定要锋利。

（四）杂草防除

1. 人工除草

若有少量杂草应随时人工拔除。

2. 化学除草

在草坪成坪前一般不用化学除草。如人工除草有困难，最早也要到草坪草第四叶全展开后才能化学除草。

（五）病虫害防治

密切注意病、虫害的发生情况。在苗期易发生猝倒病。一经发现应及时对症下药。

【知识拓展】

自动喷灌系统是目前较先进、最高效的喷灌系统，可节省人力、省时、方便、易于控制，有效配合草坪上喷灌的需要。

喷水一般由一个系统或几个系统组成，绿地内设有输水管道和喷头。每个电磁阀控制 4～6 个喷头，每个卫星控制箱则管理 20～25 个电磁阀，由办公室内的电脑调控分布在各处的卫星控制箱。每天由负责人将浇水的日期、时间、地点输入到电脑,由电脑通过自动感应线路传输到卫星控制箱,再通过电磁阀控制喷头喷水。

任务二　缀花草坪设计与施工

【任务描述】

学校要求在教学楼的前面绿地里设计一片缀花草坪,从春天到夏天都能形成优美的景观效果,请写出设计方案,并根据方案施工,观察缀花草坪的生长状态,了解缀花草坪中开花植物材料的演变。

【任务目标】

1. 掌握在北京地区缀花草坪中经常使用的地被植物种类。
2. 掌握缀花草坪的配置原则。
3. 掌握景观配置中对于缀花组合的技术要求。

【任务流程】

环节一:缀花草坪设计

【知识学习】

一、缀花草坪的概念

缀花草坪是以禾本科草本植物为主,配以部分观花的草本植物,组成的观赏草坪(图4-1-9)。缀花草坪的组花在国外也称野花组合,它由多种一年生、二年生和多年生花卉种子混合而成,其大多数的一年生野花具有结实自播的能力,多年生的野花可维持3~5年无需重新播种。

二、缀花草坪的特点

(一)植物材料丰富

缀花草坪中应用的植物材料非常丰富,主要为一二年生花卉、宿根花卉、球根花卉等;植物材料的形态丰富,观花、观果、观叶,直立、匍匐、攀缘,色彩

单元四　草坪与地被植物的园林应用

丰富，红、黄、白、蓝、紫等。

(二) 景观效果突出

缀花草坪由多种花卉种子混合而成，有不同花期、颜色、株高的植物构成，组合中的花卉具有较强的生态适应性和抗逆性，一般一年生的花卉具有很强的自播繁衍能力，经过与多年生花卉的精心组合，能够实现春、夏、秋三季开花。

(三) 养护管理粗放

缀花草坪由多种花卉种子组合而成，具有一般花卉不能比拟的适应性和抗逆性，对种植环境的要求较低，管理较为粗放。

图 4-1-9　缀花草坪

三、缀花草坪的设计原理

缀花草坪的景观配置主要包括以下几个方面：

(一) 生态性

根据场地的生态气候条件，选择观赏价值高，生态适应能力强，具有自播繁衍的植物种类，以保持景观的持续性。

(二) 色彩组合

结合环境的色彩基调，以及需要传达的设计理念，选择花卉组合的不同色彩，尽量使缀花草坪能够呈现最佳的自然景观，达到"虽由人作，宛自天开"的意境。

(三) 季相设计

为了使缀花草坪能够保持较长时间的观赏效果，北方地区一般选取春、夏、秋三季能分别开花的植物材料进行配置，以创造季相景观。

(四) 立面设计

根据环境的背景、坡度，利用不同植物材料的株型、株高等，形成前后、高低错落有致，花色层次分明的立面景观效果。

【技能训练】

一、所需用品

记录本等。

二、内容及步骤

针对学校学生楼前绿地平坦，光照充足的特点，结合景观配置原则、学校的具体要求，可以选择不同的植物材料进行配置设计。具体可供选择的植物有：波斯菊、百日草、孔雀草、石竹、虞美人、大花金鸡菊、矢车菊、硫华菊、紫松果菊、蛇目菊等。同时进行全年的观察，进一步筛选出适合学校的缀花草坪植物材料，并根据不同的组合进行特色的配置设计，如耐阴组合、耐寒组合等。

环节二：缀花草坪施工

一、所需用品

铁锹、耙子、播种机等。

二、内容及步骤

（一）地形整理

结合现场地形及土壤结构等条件，对现场场地进行整理，包括清除杂草、树根、石块等，根据设计方案进行场地平整、疏松，调整排水坡度（图4-1-10）。

（二）土壤改良

掺加少量草炭土对现场土质进行改良，翻土150 mm作为缀花草坪的种植层，在改良土壤时加入少量的缓释肥，确保提供植物的正常生长发育所需要的营养条件，铺好后用镇压机压实，种植层铺设完成后，再次检查各点的标高是否符合设计标高（图4-1-11）。

图4-1-10　地形整理

图4-1-11　土壤改良

(三)播种

依据种植面积的大小而定,一般采用人工撒播或气旋式播种机播种。

人工播种前,根据现场地形进行分块,先计算好每块播种量,然后根据不同组合类型的播种量称量出相应的种子,并混入 2~3 倍湿沙,即可播种,人工撒播,为了保证播种的均匀性,每块面积最好控制在 200 m² 以内,并分两次在规定面积内播完。播种后用耙子轻轻梳理一遍播好的区域,保证大部分种子与土壤接触,但覆土又不会太深。

气旋式播种机适用于面积大的情况下采用,为了保证播种的均匀性,每块面积控制在 1 亩地以内为宜(图 4-1-12)。

(四)镇压覆盖

用镇压机轻轻地将现场镇压平整之后,覆盖无纺布后浇水,无纺布边缘利用"U"形卡扣固定(图 4-1-13)。一般 7~10 d,种子萌发后即可撤除。

图 4-1-12 喷播

图 4-1-13 覆盖无纺布

环节三:缀花草坪养护

一、所需用品

水管、薄膜等。

二、内容及步骤

(一)灌溉管理

播种后应在 3~6 周内保持土壤充分湿润,在这段时间,每天喷淋 1~2 次水,保持土层 10 cm 左右的潮湿,绝对不可中途停止浇水(图 4-1-14)。

随着小苗的生长,逐渐减少灌溉水量。在没有灌溉条件的地方,应利用雨季实时播种。在极度干旱的情况下可以考虑采用薄膜覆盖或尽量满足发芽需要的底线湿度，以保证达到理想的景观效果。

（二）施肥

在种植前可施用复合肥或完全腐蚀的有机肥，但一定要避免过量。在生长过程中，一般不必追肥。

图 4-1-14　灌溉管理

（三）杂草控制

在播种后 20 d 苗子出齐后，即可开始拔除杂草，视面积大小和人工条件，一般播后 20 d 第一次除草，播后 40 d 进行第二次除草，基本上 2~3 次可以控制住杂草长势，一旦杂草能被分辨出来，立即除去。

项目二　地被植物的园林应用

通过完成花境、花带的设计与施工，学习相关的概念；学习花境的分类、特点及设计原则等；学习花带的分类、植物选择和设计等；学习花境和花带的施工流程。学习地被景观设计，学会绘制花境和花带的设计图纸；学会花境和花带的施工准备、定点放线、栽植地被和栽后养护等相关技能。

任务一　花境设计与施工

【任务描述】

完成学校宿舍楼东侧绿地中单面观花境的设计施工任务，要求春、夏、秋三季有花，根据现场具体情况设计花境方案，在规定的时间内绘制平面图，写出植物表和设计说明；根据设计图进行施工。

【任务目标】

1. 能够区分花境的类别。
2. 掌握地花境的设计原则。
3. 掌握花境图纸的内容及绘制方法。
4. 要掌握花境的施工程序和技术要领。

【任务流程】

环节一：花境设计

【知识学习】

一、花境的含义

花境是模拟自然界中林地边缘地带多种野生花卉交错生长的状态，运用艺术手法设计的一种花卉应用形式，旨在表现花卉群体的自然景观。这里所说的花卉是广义的花卉,但在花境中经常用到的是宿根花卉、一二年生花卉、球根花卉、观赏草、花灌木及矮小的常绿植物。本任务主要讲述由地被植物组成的花境。

花境的优势在于种植施工后,每年只需稍作补充调整便可使用多年,其养护管理相对粗放、简单。

二、花境的特点

(一)植物材料丰富

花境中可以应用的植物材料非常丰富,多年生花卉、低矮丛生的灌木及藤本植物都可以使用。在北京地区经常使用的植物材料有:翠雀、金鸡菊、石竹、蛇莓、松果菊、天人菊、老鹳草、堆心菊、矾根、鸢尾、玉簪、平枝栒子、蓝花荵、八仙花、粉花绣线菊等。

(二)景观效果突出

花境由各种不同花期、株高、株型的植物自然地种植在一起,在平面上表现植物斑块混交的不规则美感;在立面上表现高低错落,参差有致以及丰富的层次,不仅体现植株的个体美,还体现植物组合的群体美。花境有着非常明显的季相变化,随着时节的更替,有植物持续不断地开花,每个季节都有不同的观赏特点,使人们感到新鲜和惊奇。

三、花境的分类

花境在绿地中一般为带状布局,沿绿地长轴进行布置。按照观赏角度来说,分为单面观花境(图4-2-1)、双面观花境、对应式花境(图4-2-2)。

单面观花境经常用在道路边缘、建筑物前面,需要有背景衬托(图4-2-1)。如果花境后边是园墙、栏杆、山石等,则可以用爬藤植物进行装饰作;如果花境是相对独立存在的,则可建植常绿灌木、树墙等,旨在起到衬托作用。

图 4-2-1　单面观花境

图 4-2-2　对应式花境

双面观花境常用在道路、广场和草地上。双面观花境中间部分需要栽植株型较高的花卉，两侧则逐渐降低花卉株高，形成层次；或者在准备种植床时，通过地形处理，使其形成中间高四周低的地形，最终达到双面观赏的效果。

对应式花境一般用在园路两侧，即左右各置一个风格、形式类似的花境，形成优美的道路景观，考虑到两侧花境均匀生长，对应式花境一般用在南北向路两侧（图4-2-2）。

四、花境的设计原则

（一）比例与协调

花境自身要符合一定的大小比例，长轴一般不超过20 m，短轴一般长为3~5 m，如果花境的长轴很长，需要分割成几个单元进行设计。花境也需要与周边环境相协调，如在设计时需要考虑到花境的背景高度，可根据背景选择适合的花卉；花境的大小与轮廓也要考虑其所在草坪和周围环境的具体情况。

（二）对比与均衡

花境设计时，既要有一定的对比，又要达到统一均衡。例如，花境的最小单位是花丛，在进行花境平面设计时，花丛面积要有大有小，从而产生对比的美感；在竖向上，要考虑不同花卉横纵枝条的对比美感；而在整体效果上，各种对比形成对立统一的关系，最终达到均衡效果。

五、花境的色彩搭配原则

（一）统一配色

统一配色有单色配置和近似色配置之分。单色配色，如深红、大红及粉红，地被植物的应用实例如一串红、枚红色非洲凤仙、粉红色凤仙。近似色配色，如红、橙、黄相配，地被植物的应用实例如红色矮牵牛、橙色猴面花、黄色猴面花或黄色三色堇。黄、黄绿、绿近似色的应用实例有黄色矾根、黄绿叶色的玉簪和绿色叶的玉簪。

（二）对比配色

对比色有红和绿、黄和紫、橙和蓝三组。一般在暗色调的环境中使用，如灰色铺装上，灰色建筑前。例如，紫藤和毛茛、紫色风信子和黄色喇叭水仙、黄色天人菊和蓝色鼠尾草。

（三）多色配置

在大型花境中，可以使用多色配置，即多种颜色搭配在一起，用白色、银灰等中间色进行协调，达到绚丽多彩的效果（图4-2-3）。多用在节日，欢庆的场所。

【技能训练】

一、所需用品

绘图纸、比例尺、铅笔等。

二、内容及步骤

花境的设计图内容主要包括平面图、植物表,其中平面图就是施工图。

图 4-2-3　花境的多色配置

(一)绘制草图

以小组为单位带着皮尺、草稿纸和铅笔,到现场进行踏勘,观察周围环境,对照着现场环境勾勒平面草图,草图要表达出花境四周的环境要素和特点,以及影响花境设计的因素,如绿篱、井盖、乔木等。草图勾勒完成后,对草图表达的内容进行实测,如花境所在绿地的长度和宽度,绿地中乔木的位置等,把数据标在草图上,形成实测图。

根据花境大小,本次设计选择的是 A4 图纸,1:100 的比例进行绘制。回到室内后,取一张 A4 图纸,绘制好图框和标题栏,将实测草图按照 1:100 的比例绘制在图纸上,写好图名。

(二)绘制平面图

在平面图相应的位置,绘制花境的外轮廓,外轮廓要绘制的平滑圆润,自然优美。本次设计的花境要以大叶黄杨绿篱为背景,西侧轮廓不用绘制,只需要考虑其他三个方向的轮廓(图4-2-4)。

在花境轮廓内部,绘制斑块,即每种地被植物的种植范围;斑块内要标序号,每个序号代表一种植物。斑块轮廓的曲线要平滑自然,斑块要有大有小,通过大小对比才能产生美感;针对此次设计的花境面积来说,每个斑块大约 1~2 m² 是比较合适的;绘制斑块时,每个斑块要闭合,斑块之间尽量无缝隙。

划分好斑块后,开始考虑不同斑块所对应的地被植物,将地被植物按照株高从后往前排列,同时考虑错开花期,在北京地区保证春、夏、秋三季有花,对于颜色来说也要搭配好,每个季节的颜色可以统一配色或者对比配色。最后再综合考虑所选地被植物配置在一起的均衡效果。地被植物选择好后,将代表每种植物的序号填写在斑块中。

对于本次设计来说,将株高较高的蜀葵、一枝黄花、美国薄荷等地被放置在后层,将天人菊、鼠尾草、婆婆纳、萱草等地被放置在前面,鸢尾放置在中间

单元四　草坪与地被植物的园林应用

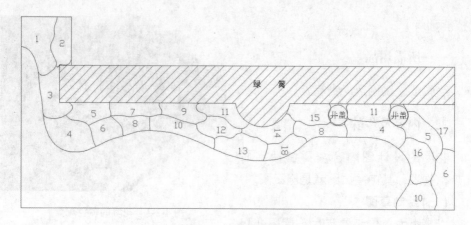

图 4-2-4　花境平面图

层；对于花色来说，春天主要是红黄色近似色配色，主要开花的地被植物有薹草、钓钟柳、天人菊，还有开白花的宾菊调节色调；夏天主要是冷色系配色，给酷热的夏天带来一丝凉爽，开花的主要地被植物有鸢尾、美国薄荷、鼠尾草、婆婆纳等；秋天主要也是红黄色近似色配色，如松果菊、福禄考、金光菊、一枝黄花、蜀葵等，还有白色的假龙头调节色调。另外，还有异色叶植物矾根、金叶反曲景天可增加色彩的多样性。

(三) 植物表与设计说明

将在平面图中绘制的地被植物，按照平面图中序号，列在植物表中。植物表的主要内容有植物名称、数量等信息，见表4-2-1。

表 4-2-1　花境植物表

序号	种名	品种名	面积(m^2)	数量(株)
1	景天	金叶反曲景天	4	160
2	薹草	'红辣椒'千叶薹	2.5	60
3	天人菊	'梅萨黄'宿根天人菊	3	90
4	鼠尾草	'新篇章'蓝色鼠尾草	6	150
5	金光菊	'金色风暴'全缘叶金光菊	4	100
6	福禄考	'辣椒小姐'宿根福禄考	6	150
7	美国薄荷	蓝色	2	40
8	假龙头	'雪冠'假龙头	3	90
9	钓钟柳	紫罗兰渐变	2	60

(续)

序号	种名	品种名	面积(m²)	数量(株)
10	婆婆纳	'达尔文之蓝'婆婆纳	4	100
11	松果菊	彩虹紫	4	100
12	毛地黄	淡紫	2.5	25
13	鸢尾	'白与蓝'多季花鸢尾	3	90
14	宾菊	阳光	2.5	75
15	一枝黄花	'焰火'皱叶一枝黄花	3	24
16	矾根	'酒红'矾根	3	90
17	蜀葵	深玫红	3	90
18	萱草	'金娃娃'萱草	2	60

环节二：花境施工

【知识学习】

定点放线

定点放线是指根据设计图纸按比例放样于地面的过程。

1. 园林中简单图案的定点放线

根据设计图纸直接用皮尺量好实际距离，并用灰线做出明显标记即可。

2. 园林中复杂图案的定点放线

在设计图上画好方格线，按照比例放大到地面上即可。图案关键点应用木桩标记，同时图案要用铁锹、木棍划出线痕然后再撒上灰线。

【技能训练】

一、所需用品

比例尺，皮尺、白灰、木桩、铁锹、铅笔等。

二、内容及步骤

(一) 施工准备

按照设计的植物表准备地被植物，如果苗圃没有相应的地被植物，则需要调整方案，最终达到最佳景观效果。

在施工现场，对将要栽植花境的场地进行深翻，深翻时需要将石块、草根等杂物耙出，如果杂物较多，则需要筛土，之后施基肥，耙平，待用。

(二) 定点放线

将图纸按照 1∶100 的比例打印，带好比例尺，皮尺、白灰、木桩、铁锹、铅笔等工具到施工现场，准备定点放线。定点放线的顺序是，先将花境的种植范围定出，再定出每种地被植物的种植范围。

本案的图案较精细，通常用网格法放线。即在图纸上按比例打出方格网，再把方格网用白灰定格在种植床上，按照图纸上花境轮廓、斑块和方格网的关系，在种植床上勾勒出花境轮廓和斑块。

(三) 栽植地被植物

对照图纸，先把地被植物运输到施工现场，查清数量。在相应的斑块上种植相应的地被植物，总体原则是"从后往前栽植，从左往右栽植"。栽植时，用花铲挖一个种植穴，把地被植物脱盆，放入种植穴中，要求种植穴要能放下植物脱盆后的土坨，放入地被植物后，用手按实，把周边的土平整好。地被植物可按品字形栽植，对于小型地被植物来说如婆婆纳、天人菊、串兰等，栽植密度为 30 株/m^2 左右，对于 枝黄花、美国薄荷、蜀葵等地被植物，栽植密度为 8 株/m^2 左右。

环节三：花境栽后养护

【技能训练】

一、所需用品

水管、剪枝剪等。

二、内容及步骤

花境栽植后，要及时浇透水，至植物恢复长势。之后浇水时间的长短、浇水量与次数可依据季节与植物种类而定。由于刚栽植时土壤较疏松，几次浇水后土壤沉实，有些植株的根部就会高出土面，此时需要在株间覆土填平。花境栽植初期，可以对花境进行适当遮阳。

【技能拓展】

双面观花境的设计与施工

【知识学习】

在宽阔的草坪上经常选择双面观花镜，有利于丰富景观，增加色彩，给人一种立体层次感。一般把双面观花境设置于游人步道旁，不仅可以使游人就近观看，而且还能分隔空间，便于规划游览路线。

双面观花境一般 4~6 m 为宜，中间种植株较高的植物，两侧逐渐降低高度；或者中间可做微地形，增加高度。如果双面观花境的宽度够宽，还可在中间种植观赏性较高的灌木作为两侧的背景。施工时按照从高往低，从中间往两侧的顺序进行。

【技能训练】

一、现场踏勘

在校园中找一处合适做双面观花境的地方，进行现场踏勘，勾勒花境环境图。

二、绘制设计图纸

绘制平面图、植物表，撰写设计说明。在平面图中，将株高较高的植物放在中间，如美国薄荷、一枝黄花、蜀葵、金光菊、松果菊等，两侧植物依次降低高度，可使用假龙头、鼠尾草、宿根福禄考等植物，前面使用镶边低矮的植物，让整个花境形成层次。调整好花期，保证一年三季有景可观。

三、花境施工

定点放线，先勾勒出花境范围，再勾勒出斑块。从中间高的植物往两边栽植。

任务二　花带设计与施工

【任务介绍】

完成校园中草坪上的花带设计施工任务，草坪中有片植的雪松，要求花带从春天开到秋天，三季有花可观。同学们需要踏勘现场，分析空间环境，选择地被植物，在规定的时间内绘制草图并完成施工。

【任务目标】

1. 掌握花带的含义和特点。
2. 掌握花带的设计要点。

3. 能够进行花带施工。

【任务流程】

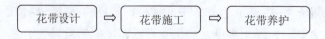

环节一：花带设计

【知识学习】

一、花带的含义

地栽花坛的短轴超过 1 m，且长、短轴的比例超过 3～4 倍以上时称为花带，它是以花卉为主呈带状的植物景观。

二、花带的类别与运用

花带按种植形式分为自然式花带和规则式花带。自然式花带株距不等，成片成块种植显示自然美（图 4-2-5）；规则式花带株行距相等，成排成行种植（图 4-2-6）。按植物材料分为观花植物花带和观叶植物花带。

由于形状灵活，花带可以应用在很多类型的绿地中，常布置于道路中央或两侧、沿水景岸边、建筑物的墙基或草坪的边缘等处，形成色彩鲜艳、装饰性较强的连续构图的植物景观。花带不仅可以用在各类狭长的绿地中，也可以用在大面积草坪上，起到点缀作用。

图 4-2-5　自然式花带

图 4-2-6　规则式花带

三、花带的植物材料选择

观花植物花带一般采用一二年生花卉、宿根花卉和球根花卉进行配置，在选择植物材料时要求株丛紧密、开花繁盛、花期统一、花期较长、株高一致、低维护性花卉。在北京地区经常用到的花带材料有：大花美人蕉、萱草、鸢尾、美女樱、矮牵牛、福禄考、雏菊、金鱼草、郁金香、夏堇、非洲凤仙、四季海棠等。观叶植物花带要选择叶色美丽鲜艳，能营造色彩丰富景观的植物，如玉簪、紫萼、金叶薯、矾根等。

四、花带的设计

在设计时要确定花带的形状和宽度，一般设计成曲线，自然式栽植。

(一) 根据观赏期进行设计

根据花带的观赏期选择地被植物，如春天使用宾菊、鼠尾草；夏天使用天人菊、金鸡菊；秋天使用松果菊、蜀葵等；如果需要花带具有一年三季的观赏期，则可选择观赏草，常年异色叶地被植物，如矾根、山桃草、花叶假龙头等。

(二) 根据地形进行设计

根据地形确定花带的走向和形状。如果绿地有微地形，则花带顺应地形进行设计。花带的平面背景是草地，立面背景可以是绿篱、乔灌木。也可以理解为花带是草地和后排乔灌木过渡的植物群存在，在设计时要展示出后排乔灌木的背景色彩。

(三) 根据色彩进行设计

花带一般由单排地被植物构成，但近年来为了丰富花带效果，有时会选用2～3种地被植物，或者同种植物不同颜色来组成花带（图4-2-7）。在这种情况下，主要考虑花带色彩搭配，一般采用统一配色和对比配色。春秋天天气凉爽，适合用

图 4-2-7　由不同颜色郁金香组成的花带

红色系和黄色系，夏天炎热可以使用蓝紫色系；同时考虑花带所处的环境，如果需要提亮绿地的色彩效果，则使用暖色系，如果花带背景较绚丽，则可使用冷色系地被植物。

【技能训练】

一、所需用品

设计工具等。

二、内容及步骤

以小组为单位带着皮尺、草稿纸和铅笔,到现场进行踏勘,观察周围环境,对照着现场环境勾勒平面草图,草图要表达出花带的环境要素和特点,对于本次任务来说,即要表达出雪松和草地的位置关系。草图勾勒完成后,用皮尺对草图表达的内容进行实测,把数据标在草图上,形成实测图。

按比例绘制实测图,并在此基础上,进行花带设计,勾勒花带的外轮廓,轮廓和周围环境要和谐。再根据观赏需求选择地被植物,对于本次设计来说,可以选择玫红色的非洲凤仙、粉色的假龙头双排设计,根据种植面积算好用量。

环节二:花带施工

【技能训练】

一、所需用品

铁锹、花铲、白灰等。

二、内容及步骤

根据图纸进行定点放线,用白灰勾勒出花带的范围,进行深翻 30 ~ 40 cm,清除石块等杂物,土质不好的需要进行改良,施足底肥。

将地被植物运输到施工现场,查清数量,准备栽植。了解植物冠幅,一般株间距留 5 ~ 10 cm 较为合适。开始栽植地被植物,总体原则是"从后往前栽植,从左往右栽植"。栽植时,用花铲挖一个种植穴,把地被植物脱盆,放入种植穴中,要求种植穴要能放下植物脱盆后的土坨,放入地被植物后,用手按实,把周边的土平整好。

环节三:花带养护

【技能训练】

一、所需用品

水管、剪枝剪等。

二、内容及步骤

1. 浇水

栽后及时浇一遍透水，平时养护注意掌握"少次多量"的原则，促进植物根系扎深，提高抗逆性。对于宿根花卉来说，入冬前浇灌冻水，翌年春季及时浇灌返青水。

2. 修剪

草本花卉在生长时间较长，生长量大，如果不及时修剪，很难达到预期效果。有的花卉开花后残花不美观，也需要修剪。修剪枯枝、有病虫害的枝条、位置不正扰乱株形的枝条。

3. 施肥

一般花带在种植时要施足底肥，宿根花卉每年深秋再施一次基肥即可。另外要视情况酌情追肥。

4. 杂草控制

在植株生长前期，生长量较小，株间的空间就会被各种杂草所占据，要及时清除杂草，不仅可节约养分，而且为花卉留出足够的生长空间。

5. 病虫害防治

在养护过程中采取适当的措施，可以有效预防病害的发生。如合理确定定植期、栽植密度、及时修剪等。尽量创造适合植物生长的条件，促使其形成强壮的根系，增加抵抗病害的能力。营造通风透光的局部条件，减少病害的蔓延。发生病虫害发生时尽量选用对环境危害小的药剂，抵制病虫害的蔓延。

单元小结

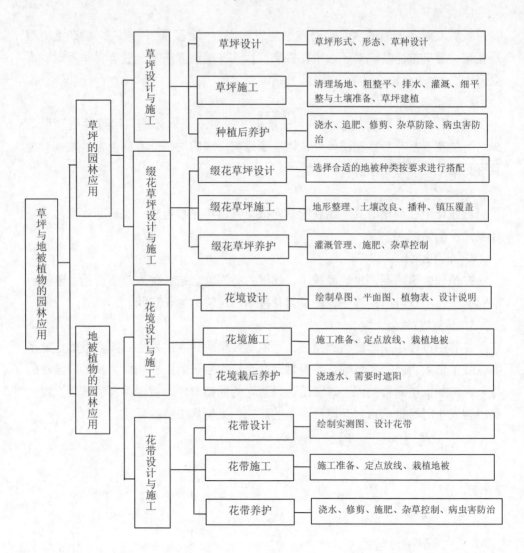

单元练习与考核

一、基本概念

1. 草坪
2. 缀花草坪
2. 花境
3. 花带

二、填空

1. 草坪按照应用分为_____、_____、_____、_____、_____。
2. 草坪设计形态包括_____、_____、_____、_____。
3. 草坪灌溉系统可归纳为_____、_____、_____三种形式。
4. 缀花草坪中应用的植物材料非常丰富,主要为_____、_____、_____等。
5. 缀花草坪的配置原则包括_____、_____、_____、_____。
6. 按照观赏角度来说,花境分为_____、_____、_____。
7. 花境的色彩搭配原则有_____、_____、_____。
8. 花带可以根据_____、_____、_____进行设计。

三、思考题

1. 设计一个能够从春天开到夏天的耐阴缀花草坪组合。
2. 如何进行草坪施工。
3. 设计一个观秋景为主的花境。
4. 花境施工中,如何进行定点放线?

5. 单面观花境的斑块如何设计?
6. 单面观花境如何进行栽植施工?
7. 设计一个秋季开花的花带。
8. 花带和花境的区别?
9. 简述花带的养护内容。

技能考核

一、评分表

花境设计与施工评分表

	花境设计 (40分)		施工过程 (60分)				
	平面图 (20分)	植物表 (20分)	施工准备 (10分)	定点放线 (10分)	栽植植物 (20分)	栽后养护 (10分)	清理现场 (10分)
得分							
总分							
安全操作							

二、考核内容及评分标准

花境设计与应用的考核内容及标准

一、平面图绘制(20分)

1. 花境外轮廓平滑、圆润,线条优;斑块形状、数量合理,斑块面积合适。(15~20分)

2. 花境外轮廓平滑、圆润,线条优;斑块形状、数量较合理,斑块面积较合适。(12~14分)

3. 花境外轮廓较平滑、圆润,线条优;斑块形状、数量较合理,斑块面积较合适。(9~11分)

4. 花境外轮廓不平滑、圆润,线条优;斑块形状、数量不合理,斑块面积不合适。(8分以下)

二、植物材料表(20分)

1. 植物名称书正确,能和斑块一一对应,计算用量准确。(15~20分)

2. 植物名称书写正确,能和斑块一一对应,计算用量较准确。(12~14分)

3. 植物名称书写基本正确,基本能和斑块一一对应,计算用量较准确。(9~11分)

4. 植物名称书写不正确,不能和斑块一一对应,计算用量不准确。(8分以下)

三、施工准备(10分)

要求:能够正确准备施工需要的花材、工具,能够正确准备好种植床。

符合上述要求(10分),不符合上述要求视情况给(0~9分)

四、定点放线(10分)

要求:能够正确按照图纸进行施工,花境外轮廓与斑块放线准确。

符合上述要求(10分),不符合上述要求视情况给(0~9分)

五、花卉栽植(20分)

(1)能够按照图纸选择正确的花卉对应每个斑块;栽植步骤正确,种植穴深度合适,栽植完后花卉周边土壤紧实、平整。(15~20分)

(2)能够按照图纸选择正确的花卉对应每个斑块;栽植步骤基本正确,种植穴深度基本合适,栽植完后花卉周边土壤紧实、平整。(12~14分)

(3)基本能够按照图纸选择正确的花卉对应每个斑块;栽植步骤基本正确,种植穴深度基本合适,栽植完后花卉周边土壤基本紧实、平整。(9~11分)

(4)不能按照图纸选择正确的花卉对应每个斑块;栽植步骤不正确,种植穴深度不合适,栽植完后花卉周边土壤不紧实、平整。(8分以下)

六、栽后养护(10分)

(1)能够按照天气情况,每天适时适量浇水,能够定期进行修剪。(20分)

(2)基本能够按照天气情况,每天适量浇水,基本能够定期修剪。(15分)

(3)不能够每天适量浇水,不能定期修剪。(10分)

七、场光地净(10分)

要求:能够及时收拾好施工工具,安置好多余的花材,把现场的垃圾清理干净。

符合上述要求(10分),不符合上述要求视情况给(0~9分)

八、安全操作

违反安全操作规程或出现工伤事故,此次考核记为0分。

参考文献

白淑媛,等,2006. 地被植物在北京园林绿化中的研究应用概述[J]. 草业科学,23(11):103-106.
白永莉,乔丽婷,2009. 草坪建植与养护技术[M]. 北京:化学工业出版社.
北京市质量技术监督局,2003. 城市园林绿化养护管理标准(北京市地方标准).
蔡平,祝树德,2003. 园林植物昆虫学[M]. 北京:中国农业出版社.
丁梦然,刘玉英,2007. 北方园林植物常见病虫害防治手册. 北京:中国林业出版社.
韩烈保,2000. 草坪建植与管理[M]. 北京:中国农业大学出版社.
胡林,等,2001. 草坪科学与管理[M]. 北京:中国农业大学出版社.
林玉宝,2013. 绿化苗木繁育[M]. 北京:高等教育出版社.
孙吉雄,2006. 草坪学[M]. 北京:中国农业出版社.
徐秉良,2006. 草坪技术手册草坪保护[M]. 北京:化学工业出版社.
徐荣,等,2016. 园林植物环境管理[M]. 北京:高等教育出版社.
杨凤云,刘云强,2011. 草坪建植与管理技术[M]. 辽宁:大连理工大学出版社.
杨秀珍,王兆龙,2010. 园林草坪与地被[M]. 北京:中国林业出版社.
余德亿,2007. 草坪病虫害诊断与防治原色图谱[M]. 北京:金盾出版社.
赵怀谦,等,1994. 园林植物病虫害防治手册[M]. 北京:中国农业出版社.
赵美琦,等,2001. 草坪养护技术[M]. 北京:中国林业出版社.
赵燕,2012. 草坪建植与养护[M]. 2版. 北京:中国农业大学出版社.
张东林,2006. 初级园林绿化与育苗工培训考试教程. 北京:中国林业出版社.
张东林,2006. 中级园林绿化与育苗工培训考试教程. 北京:中国林业出版社.
张东林,2006. 高级园林绿化与育苗工培训考试教程. 北京:中国林业出版社.